D1699313

la galvanoplastie spirituelle et l'avenir de l'humanité

Illustration de couverture: Cristal

ISBN 2-85566-254-0

Omraam Mikhaël Aïvanhov

la galvanoplastie spirituelle et l'avenir de l'humanité

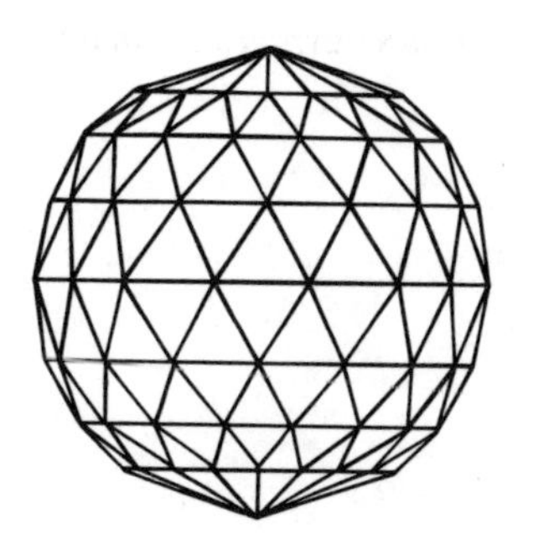

Collection Izvor
Nº 214

EDITIONS  **PROSVETA**

Du même auteur:

Collection Izvor:

201 - Vers une civilisation solaire
202 - L'homme à la conquête de sa destinée
203 - Une éducation qui commence avant la naissance
204 - Le yoga de la nutrition
205 - La force sexuelle ou le Dragon ailé
206 - La Fraternité Blanche Universelle n'est pas une secte
207 - Qu'est-ce qu'un Maître spirituel?
208 - L'égrégore de la Colombe ou le règne de la paix
209 - Noël et Pâques dans la tradition initiatique
210 - L'Arbre de la Connaissance du Bien et du Mal
211 - La liberté, victoire de l'esprit
212 - La lumière, esprit vivant
213 - Nature humaine et nature divine

Voir la liste détaillée des ouvrages en fin de volume

NOTE DES ÉDITEURS

Nous attirons l'attention du lecteur sur le fait que l'Enseignement ésotérique de la Fraternité Blanche Universelle dispensé par le Maître Omraam Mikhaël Aïvanhov est un Enseignement oral, ce qui explique certains aspects des textes qui constituent le présent volume.

Nous voudrions aussi qu'il soit clair pour le public que dans l'appellation «Fraternité Blanche Universelle» le terme «Blanche» ne fait absolument pas référence à la couleur de peau propre à une race. De même que la couleur blanche est la synthèse de toutes les autres couleurs, l'idée de «Fraternité Blanche Universelle» concerne tous les hommes sans exception. Elle les invite à réaliser sur la terre entière une vie fraternelle, harmonieuse, respectant chaque race, chaque religion, chaque nationalité.

I

LA GALVANOPLASTIE SPIRITUELLE

«Tout ce que vous aurez lié sur la terre sera lié dans le ciel; et tout ce que vous aurez délié sur la terre sera délié dans le ciel.» Combien de chrétiens ont lu ces versets de l'Evangile sans en découvrir le sens profond! Comment s'explique cette correspondance entre le ciel et la terre? En réalité, le ciel et la terre représentent les deux principes masculin et féminin qui travaillent dans le monde, les deux pôles positif et négatif que l'on retrouve dans tous les phénomènes de la nature et de la vie. Entre ces deux pôles se produit une circulation, des échanges ininterrompus, et des échanges supposent toujours une correspondance.

Et dans le verset suivant Jésus dit: «Si sur la terre deux d'entre vous s'accordent pour demander quoi que ce soit, ils l'obtiendront de mon Père qui est dans les cieux. Car là où deux ou trois sont réunis en mon nom, je suis présent au milieu d'eux.»

Toute la création est l'œuvre des deux principes masculin et féminin qui sont le reflet, la répétition des deux grands principes cosmiques créateurs que l'on a appelés le Père Céleste et la Mère Divine. Le Père Céleste et la Mère Divine sont eux-mêmes la polarisation d'un principe unique, l'Absolu, le Non-Manifesté, que la Kabbale appelle Aïn Soph Aur: lumière sans fin. Partout dans la nature vous ne verrez que les deux principes sous différentes formes et dimensions. Que vous regardiez sur la terre ou sous la terre, que vous descendiez au fond des océans ou que vous montiez dans les airs, vous ne verrez que les deux principes au travail. Et vous les verrez aussi dans l'être humain, non seulement dans son corps physique mais dans son psychisme où l'esprit et l'intellect représentent le principe masculin, et l'âme et le cœur le principe féminin. Le travail de l'intellect avec le cœur donne naissance à l'action. Tous nos actes sont le produit de notre intellect et de notre cœur, des pensées de notre intellect et des sentiments de notre cœur. Lorsque nos pensées sont justes et droites et nos sentiments désintéressés, nos actes sont constructifs.

L'action est toujours l'enfant de l'intellect et du cœur. Vous direz qu'on rencontre des personnes très actives dont l'intellect et le cœur ne sont pas tellement développés... C'est vrai, mais chez elles aussi l'action sera l'enfant de l'intellect et du cœur... de leur absence d'intellect et de leur absence de cœur! Agir d'une façon réfléchie et pleine d'amour, ou étourdiment et sans aucun sentiment, c'est toujours donner naissance à des actes qui sont le fruit de l'intellect et du cœur. La nature de l'enfant dépend du degré d'évolution des parents : les actions sont intelligentes ou stupides, bonnes ou méchantes, suivant l'état de l'intellect et du cœur. Il y a donc toujours le père et la mère, c'est-à-dire le ciel et la terre.

Supposons que vous plantiez une graine. A ce moment-là vous «liez quelque chose sur la terre» car de nombreux éléments du sol vont concourir à sa croissance. Mais vous liez aussi quelque chose dans le ciel. Dès l'instant où vous enfouissez une graine dans le sol, il se produit une liaison entre la terre et le ciel : la pluie viendra l'arroser, le soleil enverra sa lumière et sa chaleur. Vous avez simplement mis une graine ou un noyau en terre, mais par ce geste vous avez engagé le ciel à venir participer à sa croissance. Et quand nous mangeons, que faisons-nous? Nous introduisons une graine (la nourriture) dans la terre (notre estomac), et tout de suite le ciel (le cerveau) envoie des courants vers cette nourriture que nous avons absorbée pour la transformer en énergies, en sentiments, en pensées... Dès que nous plaçons la nourriture dans notre estomac, de tous les points de l'organisme des forces viennent travailler sur elle.

Lier, délier... ces deux mots résument les activités du cœur et de l'intellect. C'est le cœur qui lie alors que l'intellect délie. Le cœur fait des synthèses, il réunit, rassemble, rapproche, crée des liens avec tout ce qu'il aime, et même quelquefois des liens stupides!... Au contraire, l'intellect analyse, sépare et décompose. A notre époque, où l'intellect est à la première place, il détruit tout. Il faut donc se décider à redonner une place au cœur, parce que c'est lui qui vivifie, qui anime, qui réunit par la chaleur et la tendresse. Vous ne devez pas conclure de mes paroles qu'il faut anéantir l'intellect. Non, l'intellect doit travailler en liaison avec le cœur. Comment? Je vous raconterai une petite anecdote.

On amena un jour devant le tribunal deux hommes qui étaient accusés d'avoir volé des pommes par-dessus le mur d'un jardin. Tous les regardaient avec stupéfaction parce que le premier était cul-de-jatte, et le second, aveugle. Le premier disait: «Messieurs les Juges, vous voyez que je n'ai pas de jambes, comment aurais-je pu attraper des pommes par-dessus un mur?» et l'autre disait: «Et moi, Messieurs les Juges, je n'ai pas d'yeux, je ne pouvais même pas voir qu'il y avait des pommes à voler!» Le tribunal allait les renvoyer, persuadé de leur innocence, quand un juge plus avisé s'écria : « Bien sûr, séparément ils n'ont pas pu voler les pommes. Mais si vous mettez le cul-de-jatte sur les épaules de l'aveugle, voilà un homme complet ! C'est ensemble qu'ils ont volé les pommes. »

Que représentent les deux voleurs ? Le cœur et l'intellect. Celui qui ne voit pas, c'est le cœur. Tout le monde sait que le cœur est aveugle, mais il peut marcher, il galope même. Toutes les impulsions, tous les désirs sont dans le cœur qui peut nous transporter partout. Celui qui voit et observe, c'est l'intellect, mais tout seul il ne peut pas marcher, et c'est le cœur qui doit le porter. Lorsque le cœur et l'intellect sont réunis, ils peuvent faire des choses extraordinaires : des miracles ou des crimes.

L'activité du cœur et de l'intellect peut être étudiée dans tous les domaines : physique, mathématique, botanique, psychologique... et c'est une étude sans fin, car en réalité il s'agit de l'activité des deux principes masculin et féminin qui sont à l'origine de toutes les manifestations.

Je peux vous en montrer un aspect en étudiant le phénomène de la galvanoplastie. Tout le monde en a entendu parler, mais quand on l'étudie, on s'arrête au plan physique, extérieur, sans essayer de l'interpréter pour comprendre à quoi il correspond en nous.

Je commencerai par vous rappeler en quoi consiste le phénomène.

On plonge deux électrodes dans une cuve remplie d'une solution d'un sel métallique qui peut être de l'or, de l'argent, du cuivre, etc... L'anode (le pôle +) est une plaque du même métal que celui du sel dissous dans la cuve. La cathode (le pôle –) est un moule en gutta-percha recouvert de plombagine et représentant une figure, une pièce de monnaie, une médaille... A l'aide d'un fil électrique on relie les deux électrodes aux deux pôles d'une pile et on fait passer le courant. Le métal se dépose alors sur la cathode tandis que l'anode, en se décomposant, régé-

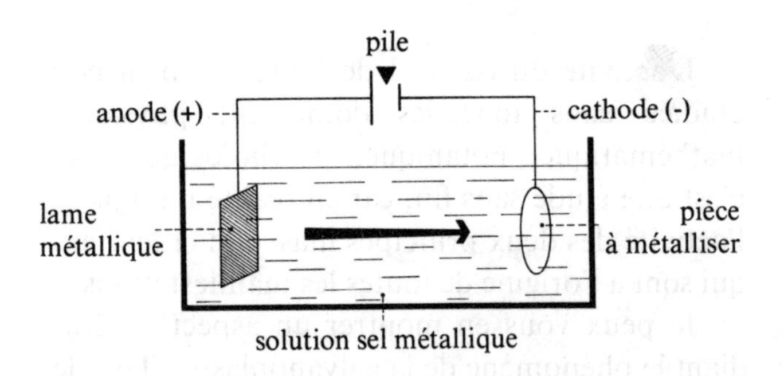

nère le liquide de la solution. Peu à peu le moule se recouvre du métal de la solution et on obtient une médaille recouverte d'or, d'argent ou de cuivre suivant le métal choisi.

Pour faire cette expérience de la galvanoplastie, on a besoin de quatre éléments :

1 – la pile, car c'est elle qui produit le courant,

2 – la solution où sont dissous les éléments qui se déposeront sur la cathode,

3 – l'électrode positive, l'anode, faite du métal qui recouvrira l'image,

4 – l'électrode négative, la cathode, où se trouve l'image qui doit être recouverte.

C'est une expérience très simple, mais ses applications techniques ont été considérables et elles sont particulièrement intéressantes si on les étudie dans l'être humain. Les fonctions de chacun des éléments (la pile, la solution, l'anode, la cathode) sont liées aux fonctions de l'esprit, de l'âme, de l'intellect et du cœur. Et dans ces quatre fonctions on peut retrouver les quatre opérations mathématiques. Oui, car le cœur additionne, l'intellect soustrait, l'âme multiplie et l'esprit divise.* De la même façon, la cathode

* Voir la conférence : «Douceur et humilité» tome II des Œuvres complètes.

additionne : elle capte les éléments dissous dans la solution et s'en recouvre. L'anode représente la soustraction, puisque sa lame de métal s'amenuise peu à peu. Dans la solution, c'est la multiplication : les molécules se réduisent en atomes et en électrons. Quant à la pile, elle divise puisqu'elle répartit les forces qui permettent aux autres de fonctionner.

Le phénomène de la galvanoplastie interprété par la Science initiatique nous enseigne comment nous devons travailler avec les forces de la vie. Premièrement, en mettant dans notre tête (l'anode) des pensées qui sont des matières résistantes, incorruptibles, de l'or précieux. Deuxièmement, en plaçant dans notre cœur (la cathode) l'image d'un être exceptionnel ou d'un haut idéal à atteindre. Troisièmement, en nous liant à notre esprit (la pile) qui représente Dieu en nous et d'où viennent toutes les forces vivifiantes. Chaque jour se dégageront des matières subtiles que le courant transportera dans tout notre être, et c'est ainsi que nous développerons toutes les qualités que le Créateur a mises en nous depuis la création du monde. Sous leur influence, même les traits de notre visage, même la forme de notre corps se modifieront, et un jour nous aurons le visage de notre Père Céleste. C'est ce que j'appelle la galvanoplastie spirituelle.

Ce phénomène de la galvanoplastie se

retrouve aussi dans la femme enceinte. Mais nous reviendrons plus tard sur cette question.*

Chaque jour nous devons nous lier au Ciel pour rétablir cette circulation d'énergies entre lui et nous. Comment?... C'est très simple. Par notre pensée et notre amour. J'ai mentionné en commençant ce passage de l'Evangile où Jésus dit: «Si sur la terre deux d'entre vous s'accordent pour demander quoi que ce soit, ils l'obtiendront de mon Père qui est dans les cieux. Car là où deux ou trois sont réunis en mon nom, je suis présent au milieu d'eux.» Autrement dit, là où est la lumière de l'intellect, la bonté du cœur et l'activité de la volonté, je suis là. Il faut donc lier deux ou trois. Il suffit que deux soient liés pour faire apparaître le troisième. Jésus a dit: «deux ou trois», et non «quatre ou cinq». Deux, c'est-à-dire celui qui pense et celui qui désire; trois, c'est l'action, l'enfant des deux autres. Pour obtenir un résultat, il suffit de penser et de sentir parce que l'action, fruit des pensées et des sentiments, suivra toujours.

Ce passage des Evangiles ne doit pas être compris littéralement. En disant: «Si deux ou trois sont réunis en mon nom», Jésus ne voulait pas dire deux ou trois personnes. Si vous vous

* Voir chapitre X.

trouvez seul dans un désert et que vous priez ardemment le Christ, comment ne pourrait-il pas être avec vous? Vous voyez qu'il ne faut pas toujours prendre les textes évangéliques littéralement. Deux ou trois, ce sont l'intellect, le cœur et la volonté.

Si vous comprenez ainsi, que vous soyez seul ou avec une centaine de personnes, le Christ sera avec vous du moment que vos pensées et vos sentiments s'uniront pour réaliser quelque chose en son nom.

La galvanoplastie nous apprend qu'il existe des lois que nous pouvons utiliser pour notre évolution. Donc, si vous m'avez bien compris, vous choisirez l'image d'un être parfait ou un haut idéal que vous placerez dans votre cœur, et vous méditerez sur lui, vous le contemplerez avec adoration. Vous établirez ainsi le courant spirituel qui nourrira cette image des matières les plus nobles dissoutes dans votre âme. Et ainsi en vous approchant intérieurement de cette image ou de ce haut idéal que vous avez contemplé, vous le concrétiserez de plus en plus en vous-même.

II

L'HOMME ET LA FEMME, REFLETS DES DEUX PRINCIPES MASCULIN ET FÉMININ

Il existe dans l'univers deux principes fondamentaux qui se reflètent dans toutes les manifestations de la nature et de la vie. Toute la création est l'œuvre de ces deux principes masculin et féminin. Pour être féconds, ces deux principes doivent obligatoirement travailler ensemble ; séparés ils sont improductifs. C'est pourquoi ils sont toujours à la recherche l'un de l'autre. Rien n'est plus essentiel pour un être que la rencontre de son principe complémentaire, et on peut dire que les plus grands problèmes des hommes et des femmes qui sont, eux aussi, une des manifestations des deux principes masculin et féminin dans le monde, ont pour origine une mauvaise compréhension de cette question.

Consciemment ou inconsciemment, toutes les créatures ont les mêmes réactions devant cette question des deux principes : toutes lui donnent une importance absolue. Quand l'homme croit avoir trouvé chez une femme ce principe complémentaire dont il a besoin, il est prêt à tout quitter. Même s'il est roi, il est capable d'abandonner son royaume avec ses sujets, son armée et ses trésors, simplement pour une femme. Et que possède donc cette femme pour faire pâlir à ses yeux une nation de millions de sujets?... En réalité, ce n'est pas la femme elle-même qu'il cherche, c'est le principe complémentaire, parce qu'il n'y a rien de plus important. Et une femme fait de même : elle s'opposera à toute sa famille, et au monde entier s'il le faut, pour suivre l'homme qu'elle aime. Est-ce qu'elle a tort? Pas du tout. C'est le Père Céleste et la Mère Nature, son épouse, qui ont inscrit cette loi dans le cœur des humains : «Tu quitteras ton père et ta mère et tu suivras ta femme ou ton mari.» Au fond de chaque être il est écrit qu'il doit rechercher son principe complémentaire. Mais tous n'en sont pas toujours conscients, parce que cette recherche prend les formes les plus différentes suivant les domaines dans lesquels elle se poursuit : cela peut être dans la science, la philosophie, l'art, la religion...

Pourquoi un homme tombe-t-il amoureux d'une femme à l'exclusion de toutes les autres? Parce que cette femme-là correspond à quelque chose en lui-même, et ce quelque chose, c'est justement l'autre côté de son être. L'être humain est polarisé, et c'est cette polarisation qui le pousse à chercher l'autre partie de lui-même à travers les femmes ou à travers les hommes, et même à travers le Seigneur. Au-delà des apparences, c'est toujours l'autre partie de lui-même qu'il est en train de chercher.

Un mystique dit qu'il cherche Dieu. En réalité, ce qu'il appelle Dieu n'est que sa partie complémentaire avec laquelle il cherche à s'unir, à se fusionner pour devenir une entité achevée, parfaite. Jusque-là, il se sent comme un être incomplet, mutilé. Tous les êtres ne cherchent que leur principe complémentaire que l'on appelle dans la Science initiatique «l'âme sœur», afin de trouver la plénitude. Seule la forme sous laquelle ils la cherchent est différente.

Chaque être humain possède son âme sœur. Au moment où l'homme est sorti comme une flamme, comme une étincelle du sein du Créateur, il était deux en un, et ces deux parties se complétaient parfaitement; chacun était la parfaite moitié de l'autre. Oui, à l'origine, l'être humain était à la fois homme et femme, et c'est cet être complet que l'on a appelé l'androgyne. Par la suite, au cours de l'évolution, les deux pôles positif et négatif de cette unité se sont divisés; c'est alors que s'est produite la séparation des sexes, et chaque moitié est partie de son côté pour évoluer séparément. Si ces deux moitiés peuvent se reconnaître tout au long de leur évolution, c'est parce que chacune porte l'image de l'autre dans la profondeur de son être; chacune d'elle a marqué l'autre de son sceau. Tout être humain possède ainsi l'image de son âme sœur au-dedans de lui. Cette image est très floue mais elle existe. C'est pourquoi chacun vient sur la terre avec cet espoir obscur qu'il rencontrera quelque part une âme qui lui donnera tout ce dont il a besoin et qu'il y aura entre lui et cette âme une harmonie, une fusion indescriptibles.

Vous savez cela, car vous tous n'avez jamais cessé de croire que vous rencontreriez cette âme bien-aimée dont vous connaissez le visage. Vous portez cette image en vous, mais si profondément enfouie que vous n'arrivez pas à la distinguer clairement. En rencontrant un homme ou une femme, il vous arrive parfois de dire : «Ça y est, j'ai trouvé !» comme s'il s'était soudain produit une fusion entre cet être et l'image que vous portez en vous-même ; votre vie en est transformée et vous faites tout pour le retrouver. Chaque fois que vous le rencontrez, que vous lui parlez, tout devient merveilleux, la vie circule en vous, vous faites des progrès dans tous les domaines. Mais après une période d'intimité, vous découvrez que cet être n'est pas vraiment celui que vous attendiez. Vous êtes déçu, et vous le quittez pour recommencer à chercher. Une seconde fois vous croyez retrouver cette âme sœur dans un autre être, et la même joie, la même inspiration jaillit, vous aimez à nouveau. Mais la même histoire se reproduit, une fois de plus vous vous apercevez que ce n'est pas l'être que vous cherchiez. C'est vrai pour les femmes comme pour les hommes, personne ne fait exception. Mais un jour, cette rencontre des deux principes doit se faire véritablement, parce que l'amour entre les deux principes est plus puissant que tout.

Deux âmes sœurs sont tout l'une pour l'autre, aucun autre être au monde ne peut leur apporter la même plénitude. Donc, tous les êtres que vous avez rencontrés depuis le commencement de vos multiples incarnations, les maris ou femmes que vous avez eus, les amants ou maîtresses, tous vous ont quitté parce qu'ils n'étaient pas pour vous. Vous avez peut-être été ensemble un moment, mais comme un pot et un couvercle qui ne s'adaptent pas. Tandis que deux âmes que Dieu a créées ensemble sont absolument faites l'une pour l'autre, rien ne peut les séparer et elles n'ont aucune crainte de l'être. Lorsque, dans un couple, l'un ou l'autre a peur que l'on vienne séduire son partenaire (et rien en effet ne peut empêcher que cela se produise!) c'est que ce partenaire n'est pas le bien-aimé véritable, l'âme sœur. Une femme aime un homme, mais il part avec une autre ; un homme aime une femme, mais elle l'abandonne... Les âmes sœurs, au contraire, se reconnaissent avec une certitude absolue et ne peuvent plus se quitter.

L'être humain rencontre son âme sœur douze fois pendant toutes ses incarnations terrestres. Mais, le plus souvent, cette rencontre provoque la mort, parce que les conditions de l'existence sur la terre s'opposent à la réalisation d'un amour aussi parfait, aussi absolu.

Maintenant, ne me comprenez pas mal : ce n'est pas parce que vous venez d'apprendre que votre mari ou votre femme n'est certainement pas votre âme sœur que vous pouvez vous sentir justifié de le quitter. Au contraire, à ce moment-là il faut penser que vous êtes comme deux associés qui ont un travail à faire ensemble, et qu'il est nécessaire de bien vous entendre jusqu'au jour où la mort vous séparera.

Du point de vue philosophique on peut dire que notre âme sœur, c'est nous-même, l'autre pôle de nous-même. Si nous sommes en bas, l'autre pôle est en haut, et il communie avec le Ciel, avec les Anges, avec Dieu dans la perfection et la plénitude. C'est pourquoi dans toutes les Initiations on enseignait aux disciples comment s'unir à cet autre pôle. Dans l'Inde, le Jnani-yoga donne des méthodes grâce auxquelles le yogi parvient à s'unir à son Moi supérieur, car c'est en s'unissant à son Moi supérieur qu'il s'unit à Dieu Lui-même.

En Grèce, on retrouve la même idée exprimée dans la formule inscrite au fronton du temple de Delphes : «Connais-toi toi-même». Evidemment se connaître ne signifie pas connaître son caractère, bon ou mauvais, avec ses qualités ou ses défauts, non, c'est trop facile. Il est écrit dans la Genèse : «Et Adam a connu Eve» ou «Abraham a connu Sarah». La vraie connaissance est une fusion des deux principes. «Connais-toi toi-même» signifie : trouve l'autre pôle en toi et tu deviendras une divinité. Si vous êtes un homme, l'autre pôle est une femme et vous la connaîtrez comme un amant connaît sa bien-aimée ; pas tout à fait de la même façon, bien sûr, car cette fusion, cette connaissance ne s'accomplit pas dans le plan physique mais dans les régions subtiles de la lumière. C'est lorsque vous pénétrez dans cette lumière que vous devenez Un avec vous-même.

On retrouve ce même précepte exprimé un peu différemment dans les Evangiles : «Tu aimeras le Seigneur ton Dieu de tout ton cœur, de toute ton âme, de toute ta pensée et de toute ta force.» Ce qui sous-entend qu'on ne peut communier avec le Seigneur qu'à travers son ego supérieur. C'est aussi ce que voulait dire le Christ quand il disait: «Nul ne peut aller au Père qu'à travers moi.» Le Christ est le symbole du Fils de Dieu qui est dans chaque âme comme une étincelle enfouie. En se liant à son âme supérieure l'homme se lie à ce principe du Christ qui est partout, dans toutes les âmes, et à travers lui, il est lié à Dieu. Vous ne pouvez aller à Dieu qu'à travers votre ego supérieur, puisque c'est lui qui contient tout et qui représente ce qui existe de meilleur et de plus pur en vous-même. C'est pourquoi toutes les doctrines spirituelles enseignent comment s'éloigner par la pensée du monde physique, matériel, afin de s'élever jusqu'au monde sublime de la Divinité, le principe de notre âme supérieure. Et comme il existe toujours une polarisation, il se crée une affinité, une sympathie, un lien avec le principe complémentaire, car le masculin est toujours attiré par le féminin, et le féminin par le masculin.

Chaque être possédant l'autre principe en lui-même, il ne peut trouver Dieu qu'à travers l'autre principe. C'est pourquoi la femme trouve Dieu à travers l'homme, parce que l'homme représente l'autre principe et que ce principe la lie au Père Céleste. Et l'homme ne peut trouver la Divinité qu'à travers le principe féminin, que ce soit une femme, que ce soit la nature elle-même (qui est un principe féminin) ou la Mère

Divine. Mais sans ce principe féminin, il n'y a aucun élan, aucune inspiration, aucun travail, rien. Et sans la présence du principe masculin, le principe féminin reste informe, inerte, stérile. Allez étudier comment la nature a fait les choses : vous verrez comment le soleil, qui est le principe masculin, projette la lumière, la chaleur, et tous sont vivifiés.

Chacun de vous cherche son âme sœur. Mais sachez qu'il est dit dans la Science initiatique qu'on ne peut rien trouver extérieurement que l'on n'ait déjà trouvé intérieurement, car même ce que vous rencontrerez extérieurement, si vous ne l'avez pas déjà trouvé intérieurement, vous passerez devant sans le voir. Plus vous découvrez la beauté intérieurement, plus vous la découvrez extérieurement dans le plan physique. Peut-être pensez-vous que si vous ne l'avez pas vue avant c'est qu'elle n'était pas là... Si, elle était là, mais elle restait invisible parce qu'au-dedans de vous quelque chose n'était pas encore éveillé, développé. Mais maintenant que vous l'avez vue intérieurement, vous la voyez extérieurement aussi, parce que le monde extérieur n'est fait que des reflets du monde intérieur. Ne cherchez jamais rien extérieurement si vous n'avez pas d'abord fait l'effort de le trouver intérieurement. Quand vous aurez vu, trouvé intérieurement votre âme sœur dans vos méditations et vos contemplations, vous la trouverez partout dans le monde entier, à travers les visages, les lacs, les montagnes, les plantes, les oiseaux, et vous entendrez sa voix.

Voilà une vérité importante à connaître pour tous ceux qui s'aiment, sinon leur liaison, leur mariage sera une catastrophe. Si l'homme a trouvé en lui le principe féminin, et la femme le principe masculin, et s'ils veulent le servir et travailler pour lui, alors oui, qu'ils s'aiment, qu'ils se marient, leur amour sera une source de bénédictions. C'est pourquoi la femme doit voir le Père Céleste à travers l'homme qu'elle aime, parce que, symboliquement, cet homme est le représentant de Dieu sur la terre. Et lui doit voir à travers sa bien-aimée la Mère Divine, et l'aimer, cette Mère Divine, la contempler, la servir. A ce moment-là, tous les trésors s'ouvriront devant eux et ils vivront jour et nuit dans le ravissement, l'extase et la beauté. Sinon, ils seront déçus, ils souffriront, ils commenceront à parler avec dégoût de l'homme et de la femme. Tout simplement parce que ce qu'ils ont connu l'un de l'autre n'était ni leur âme, ni leur esprit, mais des loques, des vêtements usés, maladifs... Voilà ce qui arrive à ceux qui n'ont pas voulu de ces vérités ; ils ont fui l'Ecole initiatique, ils n'ont pas voulu s'instruire, et ils se cassent la tête. Quand il fuit la lumière qui pouvait lui ouvrir les yeux et éclairer son chemin, c'est lui-même que l'homme punit.

III

LE MARIAGE

I

Bien avant qu'il ne soit institué parmi les humains, le mariage existait dans la nature. Car le mariage est un phénomène cosmique qui se célèbre tout d'abord dans le monde sublime entre le Père Céleste et son épouse, la Mère Divine. Et les humains, qui sont créés à l'image de Dieu, sont naturellement poussés à répéter ce processus cosmique et cherchent tous un autre être pour s'unir à lui. Mais les chrétiens sont encore loin de comprendre : pour eux, le Père Céleste n'est pas marié. Il a un fils, mais Il est célibataire !

Toutes les autres religions acceptent que le Seigneur ait une épouse, sauf le christianisme. Mais est-ce que ce christianisme-là a gardé le véritable enseignement du Christ, c'est là la question. D'après la Kabbale, Dieu a une épouse, Shékhina, qui n'est autre que cette quintessence sortie de Lui-même et sur laquelle Il travaille pour créer les mondes. Les chrétiens s'imaginent que cela diminue le Seigneur de dire que, Lui aussi, est marié. Alors, pourquoi a-t-Il permis aux humains de le faire? D'où ont-ils pris cette idée du mariage?

«Tout ce qui est en bas est comme ce qui est en haut» a dit Hermès Trismégiste, c'est-à-dire que ce qui est en bas chez les humains, est comme ce qui est en haut dans le Ciel. Toutes nos manifestations ont leur modèle en haut dans le monde divin. Evidemment, ce qu'est Dieu, personne ne le sait. C'est l'Absolu, le Non-Manifesté, Il n'a ni corps ni apparence. Mais quand Il a voulu se manifester, s'exprimer dans le monde objectif, Il s'est polarisé, et c'est grâce à cette double polarité de l'esprit (l'époux) et de la matière (l'épouse) qu'Il a pu créer: les deux pôles ont agi l'un sur l'autre, et de toutes ces «actions» est né le monde, l'univers tout entier. L'esprit et la matière semblent être absolument distincts, mais en réalité ils sont une seule et même chose, et c'est seulement par un phénomène de polarisation qu'ils apparaissent différents et même opposés.

Le véritable mariage est donc celui de l'esprit et de la matière; c'est de ce mariage que naît toute la création. Ce mariage existe dans chaque atome, et quand on sépare «le mari» de «la femme» par la fission, cette séparation pulvérise tout. Mariés, ils vivent en paix et ils créent ; séparés par force, ils produisent des explosions.

Si l'esprit n'était pas uni à la matière, la matière resterait sans forme. C'est l'esprit qui lui donne sa forme, qui la façonne. Et comme tout se reflète exactement, on voit le même phénomène se produire entre l'homme et la femme. L'homme façonne la femme. Ce processus se répète partout, dans toute la création, depuis les atomes jusqu'au travail du boulanger qui pétrit la pâte.

Sous des millions de formes différentes, c'est toujours le mariage de l'esprit et de la matière. C'est pourquoi quand on parle de «pur esprit», ce n'est qu'une façon de s'exprimer, car un pur esprit ne pourrait exister dans le domaine de la manifestation, de la polarisation : il retournerait se fondre dans l'océan cosmique. Pour pouvoir se manifester, il lui faut un corps, c'est-à-dire un véhicule. Plus l'esprit qui se manifeste est sublime, plus son corps, son véhicule, la matière qui l'enveloppe est ténue, subtile, lumineuse, au point que les deux se confondent presque. Cependant l'esprit et la matière restent toujours deux pôles différents, sinon toute manifestation serait impossible : l'esprit retournerait à sa source et la matière resterait comme de la poussière sans vie.

L'esprit est un principe subtil, insaisissable ;

on peut le comparer à un parfum qui, s'il n'est pas enfermé dans un flacon, est si volatil qu'il s'échappe, s'évapore. Bien sûr, le mariage de l'esprit et de la matière implique un sacrifice : l'esprit accepte de se limiter pour animer la matière, et la matière accepte de se soumettre pour lui donner des enfants.

Pour chacun de nous, le véritable mariage est donc en réalité l'union de notre esprit et de notre corps physique. Notre corps physique est notre femme, et c'est par son intermédiaire que nous... je veux dire notre esprit, fait des échanges avec le monde extérieur, qu'il peut travailler sur la terre, créer, se manifester, s'exprimer de toutes les façons possibles. Quant au véritable divorce, c'est la mort, l'instant où l'esprit et la matière se séparent. Je voudrais vous montrer toute l'envergure et la subtilité de ces problèmes, mais est-ce que vous me suivrez ?

Ce premier mariage avec le corps est déjà une grande limitation pour l'esprit, et si l'on décide de prendre encore un mari ou une femme extérieurement, ce second mariage diminue encore la liberté de l'esprit, parce qu'on est obligé de faire toutes les volontés du conjoint pour lui plaire, le contenter, et dans ces complaisances, l'esprit s'affaiblit. De plus, la première femme (le corps physique) proteste, se révolte et dit : « Tu commets un adultère, tu es infidèle ! » et il s'ensuit souvent toutes sortes de troubles et d'anomalies dont personne jusqu'ici n'a vu la gravité.

Mais allez raconter aux humains que nous sommes l'esprit et que notre corps physique est notre femme ! C'est une idée qu'ils ne voudront jamais accepter. Pourtant, c'est la vérité, et s'il existe tellement de problèmes dans les couples, dans les ménages, c'est parce que tous les mariages que l'on conclut sont en réalité des adultères. On se marie avec quelqu'un d'extérieur à soi et qui ne convient pas, alors que le véritable mariage, le seul mariage légitime, c'est l'union de notre esprit et de notre corps.

Ceux qui sont conscients de cette réalité préfèrent ne pas se marier : comme leur esprit est déjà limité par leur première femme, ils n'ont aucune envie de se charger d'un second fardeau. Ils savent que s'ils contractent un second mariage, ils seront obligés de transgresser beaucoup de lois et d'être infidèles, c'est-à-dire de donner à leur seconde femme toutes les énergies qu'ils auraient dû garder pour la première ; donc, celle-ci périclitera, s'affaiblira, se révoltera et refusera de le servir. C'est pour cette raison que tous les plus grands esprits qui ont voulu réaliser un travail unique, immense, être libres pour faire du bien à des milliers de personnes plutôt qu'à une seule (qui d'ailleurs n'est jamais reconnaissante, car vous avez beau tout faire pour quelqu'un, il bougonnera et trouvera des raisons de vous critiquer), ont toujours décidé de garder leur temps, leurs forces, leurs qualités, pour les consacrer à leur propre femme qui s'en trouvait mieux portante, plus belle, plus active, plus souple, vivante, expressive et intelligente.

Maintenant, ce n'est pas une raison pour vous montrer méchant envers votre «deuxième femme» ou la chasser. Non, si vous vous êtes déjà marié, si vous avez dit «oui», vous avez fait des promesses, il faut les remplir jusqu'au bout. On ne se sépare pas de sa femme ou de son mari sans raison grave... sinon on les retrouvera dans une prochaine incarnation, et ce sera bien pire! Il faut apprendre à se libérer, bien sûr, mais pas en rejetant toutes ses responsabilités.

Alors, cela bouleverse vos idées, n'est-ce pas, d'apprendre que vous êtes tous déjà mariés... même les célibataires! Oui, tous, nous avons des devoirs envers notre propre femme, notre corps physique; nous devons le soigner, le nourrir, l'éduquer, veiller à ce qu'il soit toujours propre et en bonne santé, car si on le néglige cela entraîne des répercussions fâcheuses. Je suis absolument sûr que c'est nouveau pour vous et que vous n'aviez jamais envisagé la question ainsi. Celui qui fume, pense-t-il à sa femme qui souffre? Elle lui crie qu'elle est malheureuse, mais il continue à la tourmenter avec sa fumée. Et quand les gens s'enivrent, est-ce qu'ils pensent qu'ils sont en train d'abîmer leur propre femme?... Combien ont compris qu'ils devaient faire de leur corps l'instrument de la toute-puissance de l'esprit?

Enfin, il me semble que plus vous m'écoutez, plus vous sentez quelque chose en vous se décanter, se préciser, se clarifier. Intellectuellement, vous êtes peut-être déroutés, un peu dans le brouillard, vous ne comprenez pas tout, mais vous sentez quelque chose d'essentiel se former dans votre for intérieur, quelque chose qui ne trompe pas... Je n'arriverai peut-être pas à satisfaire votre intellect, mais vous sentirez que vous êtes sur le chemin de la vérité, et il ne vous restera plus qu'à marcher et à travailler. Ma tâche ne consiste pas tellement à déverser des connaissances dans votre cerveau, mais plutôt à vous donner de quoi sentir quelques vérités essentielles, les vivre, les savourer.

II

La nature a mis en chaque être l'instinct de fuir la solitude comme une chose pesante, terrible. C'est bien, c'est normal, mais il faut connaître la meilleure méthode pour échapper à la solitude. Combien d'hommes et de femmes n'ont pas résolu ce problème ! Ils voudraient bien avoir un partenaire pour chanter un duo, mais comme ils ne le trouvent pas, ils sont malheureux.

Et même regardez comment réagit une femme que son mari a quittée : au lieu de voir le bon côté de cette nouvelle situation et de se dire qu'elle est enfin libre, elle pleure, se lamente et va allumer des cierges à la Sainte Vierge (si elle y croit) pour qu'elle le lui ramène. Pourquoi, au contraire, ne se réjouit-elle pas de cette liberté en pensant qu'elle pourra faire enfin toutes sortes de choses qu'elle désirait faire depuis longtemps ? Eh non, elle va se rendre malade et s'envoyer elle-même à l'hôpital, simplement parce qu'elle a besoin d'amour. Mais quel amour pouvait lui apporter ce pauvre bougre? Il n'avait aucun amour et il ne pouvait pas lui en donner; la preuve, c'est qu'il est allé en chercher ailleurs! Eh oui, il faut raisonner: comment voulez-vous qu'un pauvre puisse vous rendre riche? C'est comme un homme qui promet le bonheur à une femme. Lui-même est malheureux, il ne sait pas ce qu'est le bonheur et il va la rendre heureuse?... Si c'était si facile! Il pense, sans doute, qu'il lui suffira d'être au lit avec elle pour lui donner le bonheur. Il lui donnera plutôt ses maladies, ses vices, ses mauvaises habitudes, mais pas le bonheur.

La nature a créé les humains de telle sorte qu'ils ont tous besoin d'affection, de tendresse, besoin de faire des échanges. C'est un besoin universel, personne ne peut en douter ou objecter quoi que ce soit. Mais vous devez savoir que lorsque vous cherchez les manifestations physiques, tangibles de l'amour, vous dépendez de la personne qui doit vous les fournir, vous n'êtes plus libre et de là s'ensuivent beaucoup de chagrins et de déceptions. Car tout ne dépend pas de vous, et pour obtenir les faveurs du partenaire, vous êtes conduit à faire certaines concessions, certains sacrifices qu'il vaudrait mieux souvent ne pas faire.

Prenons le cas d'une jeune fille : elle a besoin d'affection, bon, et rapidement, sans réfléchir, sans observer en profondeur le caractère du garçon qui lui plaît, elle le choisit et ils se marient. C'est ainsi que pour satisfaire le besoin qu'elle ressent, elle est obligée d'accepter tout le reste chez ce garçon : son caractère, ses pensées, ses sentiments qui sont peut-être grossiers et avec lesquels elle n'est pas toujours d'accord. Bien sûr, il lui donne quelque chose, mais à cause de cela, elle est obligée de supporter tout le reste. Et c'est ainsi pour tous les garçons et toutes les filles : pour avoir quelques sensations, quelques miettes de joie, de bonheur, ils sont obligés de subir toutes sortes d'inconvénients. Et ensuite, toute leur vie ils se plaignent, ils sont malheureux, ils ne savent plus que faire, et parfois même, pour essayer d'échapper à cette situation, ils transgressent beaucoup de lois. Eh oui, c'est la triste réalité ! Pour avoir une petite satisfaction, tous se fourrent dans des complications inextricables. Ils éprouvent un besoin, et à cause de ce besoin ils sacrifient tout le reste. Parce qu'on a besoin de quelques miettes, on est obligé d'accepter toutes les impuretés, toutes les déformations de celui dont on veut recevoir ces miettes !

C'est pourquoi je donne ce conseil à la jeunesse : ne vous pressez pas, ne vous précipitez pas pour gâcher votre vie avec le premier venu. Etudiez, tâchez d'y voir clair sur ce sujet. Mais avant tout, occupez-vous de voir si cet être est vraiment préparé pour faire un travail avec vous et marcher sur le même chemin, sinon vous passerez votre existence à vous détruire mutuellement. Examinez bien si vous êtes tous deux en parfaite harmonie dans les trois plans, physique, sentimental, intellectuel, ou si vous cédez seulement à l'attrait physique. Si, sur des sujets importants, votre partenaire et vous avez des opinions divergentes, ne vous dites pas : «Oh! ça n'a aucune importance, à la longue on se comprendra, on s'arrangera.» Ce sera tout le contraire. Au bout de quelque temps, une fois lassés de certains plaisirs et quand le sentiment à son tour sera émoussé, vous vous apercevrez que vos idées, vos aspirations, vos goûts, sont trop divergents, et voilà les disputes, voilà les déchirements, voilà les séparations. L'entente sur le plan des idées et des goûts est très importante. L'attraction physique, même avec un peu d'amour, ne suffit pas : on est vite assouvi, vite blasé. Et pour peu que l'intelligence soit pauvre et qu'on ne sache pas tenir une conversation intéressante, toujours renouvelée, alors les amoureux finissent par s'ennuyer en présence l'un de l'autre.

Il existe des gens qui ne s'aiment pas physiquement mais qui s'adorent parce qu'ils ont toujours mille choses à se dire, à s'expliquer, à se raconter, c'est formidable! L'idéal, c'est qu'il existe un accord dans les trois plans. Que physiquement tous deux ressentent mutuellement une certaine attraction. Ensuite, il faut une entente dans le domaine des sentiments et des goûts, car si l'un préfère le bruit et l'autre le silence, si l'un aime lire et l'autre danser, si l'un veut toujours sortir et l'autre rester à la maison, cela finit par créer des conflits. Enfin, et c'est le plus important, il faut une grande communauté d'idées, de but, d'idéal. Si cette harmonie existe dans les trois plans, il n'y a rien de plus beau, de plus merveilleux que l'union de ces deux êtres, parce que c'est une source inépuisable de joie, de bonheur et de compréhension.

Malheureusement, les garçons et les filles n'ont pas tous ces critères; ils sont légers, trop pressés, et ils comptent sur le hasard des rencontres pour trouver un partenaire. Supposez un sac rempli de serpents, de lézards, de colombes, de crocodiles, de souris... Vous dites: «Je vais y plonger la main, et sûrement je vais prendre une colombe.» Mais comme vous n'avez pas regardé dans le sac, lorsque vous y mettez la main, voilà une vipère qui vous mord. Il faut être naïf pour croire que, par hasard, aveuglément, vous allez choisir une colombe, une tourterelle ou un écureuil. Les gens s'imaginent que la Providence est toujours là pour privilégier les aveugles, pour les aider, les sauver. Pas du tout! Du plus loin qu'elle voit des aveugles, la Providence prend ses jambes à son cou et laisse le destin se charger d'eux; et le destin, vous savez, a intérêt à leur faire pousser des cris. Mais si la Providence voit deux êtres qui se servent de leurs yeux, elle dit: «Ah, j'aime ça, je vais les aider!» Le plus extraordinaire, c'est que certains aveugles, après s'être fait mordre par une vipère, cherchent de nouveau la même vipère pour se faire mordre une deuxième fois. J'ai vu ainsi certaines femmes extrêmement tenaces qui disaient: «Je vais recommencer avec le même homme, peut-être qu'il s'améliorera.» Mais qui a jamais vu une vipère ou un crocodile s'améliorer?

L'attraction physique est importante, bien sûr, mais elle n'est pas essentielle. Combien de fois on a vu des gens se dévorer d'amour et quelque temps après se détester. Pourtant, physiquement, ils n'avaient pas changé... Un garçon, par exemple, se marie avec une très jolie fille, elle est ravissante à tous les points de vue, il en perd la tête. Mais quelque temps après il s'aperçoit qu'elle est légère, infidèle, capricieuse, stupide, et il l'aime de moins en moins; même sa beauté ne lui dit plus rien, tellement il est dégoûté de cette horreur qu'elle représente intérieurement.

Et le contraire peut aussi arriver. Un garçon fait la connaissance d'une fille pas tellement jolie, mais au bout de quelque temps, il est émerveillé de sa sagesse, de sa bonté, de sa patience, de son esprit de sacrifice, et tout cela le gagne de plus en plus ; toutes les autres pâlissent en comparaison de cette fille qui pourtant ne l'attirait pas. Parce qu'intérieurement elle est une merveille : elle est fidèle, stable, honnête, elle est toujours là pour le consoler, pour panser ses blessures, pour le conseiller. Alors, le plan physique ne compte plus pour lui, il l'adore, et quand il la présente à ses amis, il se peut que les autres le plaignent ou le critiquent d'avoir trouvé une fille d'apparence aussi modeste, mais lui pense : «Ah, les pauvres, ils ne savent pas quel trésor est ma femme ! »

Beaucoup d'hommes se marient avec une femme élégante pour la promener en public et épater la galerie. Tout le monde les félicite sans savoir qu'ils ont épousé une diablesse qui les tourmente et les fait frire jour et nuit. Seulement voilà, c'est une belle décoration qu'ils sont fiers de sortir dans le monde pour sentir qu'on les envie. Ils souffrent, mais ça ne fait rien, ils vont à l'Opéra, dans les soirées, les réceptions, pour exhiber leur femme. Voilà, ils ne voulaient qu'un bijou... mais ce bijou leur coûte très cher.

Je conseille donc aux garçons et aux filles qui veulent se marier de ne pas prendre de décision précipitée, mais d'étudier d'abord les lois de l'amour. Quand ils auront appris comment s'aimer, comment se préparer à avoir des enfants et à les éduquer, ils pourront se décider. Mais s'ils se précipitent, c'est après, les pauvres, quand les enfants sont là, quand les difficultés et les maladies se présentent, qu'ils poussent des cris, s'affolent, vont chercher les médecins, lisent des livres pour s'instruire, alors qu'auparavant ils s'amusaient et disaient : «Oh, on a bien le temps, après on se débrouillera !» Non, c'est avant qu'il fallait s'instruire.

Il ne faut pas se précipiter. Vous dites : «Mais on sera bientôt vieux !» Il est préférable de se marier vieux, mais de bien choisir. Pourquoi se dépêcher ? Pour vieillir plus vite à force de souffrir ? Il est arrivé que je revoie certaines femmes trois ou quatre ans après leur mariage : les soucis, les chagrins les avaient tellement vieillies que je ne les reconnaissais plus. Tandis que si vous trouvez le Prince Charmant, même dans votre vieillesse, d'un seul coup vous rajeunirez. Oui, même si vous le trouvez à quatre-vingt-dix ans, ça ne fait rien, vous redeviendrez aussi jeune qu'à vingt ans !

En réalité, que l'on attende ou que l'on n'attende pas, que l'on sache discerner ou qu'on ne sache pas, quoi qu'on fasse, tant qu'on n'est pas au point, ce sera un échec. Pour se marier, il faut au moins être prêt. Qui vous acceptera si vous n'êtes pas prêt ? Vous direz : «Oui, mais je veux me marier avec une princesse, avec la reine du ciel...» Et est-ce qu'elle voudra de toi ? Quand on est faible, ignorant, idiot, incapable, on ne peut trouver qu'une femme à sa mesure. Ou bien, voilà une fille ravissante mais qui ne sait même pas s'exprimer clairement, qui n'est pas capable de comprendre son bien-aimé, de l'encourager, de l'amuser ou de le consoler ; elle compte seulement sur son corps. Eh bien, cet homme-là va très vite se rassasier d'elle et il la laissera tomber parce qu'elle ne peut rien lui donner de subtil pour son âme, pour son esprit. Même si cette fille tombe sur le meilleur garçon, c'est là justement qu'elle sera la plus malheureuse, en voyant qu'elle n'a rien intérieurement pour le satisfaire. Il aura peut-être des goûts artistiques, spirituels, et elle aucun, alors elle souffrira de sentir qu'il la dépasse tellement. Si vous n'avez rien fait pour être à la hauteur de la situation, il vaut mieux ne pas tomber sur un prince ou une princesse.

La première chose, c'est de se préparer pour être au point quoi qu'il arrive. Sinon, je vous le dis, même avec les êtres les meilleurs, ça n'ira pas : ils vous quitteront pour d'autres créatures plus intelligentes, plus douées, et il ne vous restera qu'à pleurer. Donc, préparez-vous, gagnez tellement de trésors, de pierres précieuses, c'est-à-dire de qualités, de capacités, que personne ne puisse vous égaler. A ce moment-là, oui, l'être que vous aimez restera auprès de vous, pourquoi irait-il chercher quelqu'un d'autre ailleurs? Mais on ne pose jamais la question ainsi. Une fille veut gagner tel garçon, et à force de manigances elle y arrive. Bon, mais comment va-t-elle le garder? Voilà la question. Si elle n'a aucune richesse intérieure, elle ne le gardera pas longtemps. Il faut donc se préparer... pendant des années se préparer. Vous direz: «Mais en attendant, je vais avoir des rides...» Ça ne fait rien, vous serez peut-être ridée extérieurement, mais si jeune et si belle intérieurement que vous garderez le prince avec vous!

Avant de vous engager dans n'importe quelle aventure amoureuse, prenez les critères de la Science initiatique. Il vaut mieux attendre, patienter, jusqu'à ce que vous trouviez enfin un être avec lequel vous soyez en affinité, un être qui vous soit complémentaire à tous les points de vue, même magique; alors là, vous pouvez vous lier à lui, vous marier et avoir des enfants. Si vous ne trouvez pas cet être complémentaire, cela ne vaut pas la peine de tenter l'aventure avec n'importe qui, car c'est très coûteux. Attendez, cherchez, et quand vous l'aurez rencontré, vous sentirez que tout en vous vibre à l'unisson avec le Ciel, dans un amour comme seuls les poètes ont pu le décrire. Mais aller maintenant faire dix, vingt, cent expériences, s'effriter, se salir, dégringoler, vraiment c'est dommage ; cela vaut la peine de refuser même d'essayer. Si on veut trouver l'amour, ce doit être un amour véritable, ou alors pas du tout !

Le mariage, je vous l'ai dit, est un reflet du plus grand mystère qui se célèbre en haut, entre Dieu et son épouse, la Nature, Isis. C'est pourquoi, ce que les humains ont fait jusqu'ici aveuglément, inconsciemment, ils doivent désormais le faire en en comprenant toute la profondeur. Le mari apprendra comment il peut apporter à sa femme les qualités du Père Céleste, et la femme s'imprégner de cette conscience qu'elle peut apporter à son mari les qualités de la Mère Divine. Et ainsi, tous les deux, avec cette conscience de se donner et de s'apporter réciproquement tout ce qu'ils n'ont pas, s'aimeront éternellement. Et même lorsqu'ils seront devenus très, très vieux, ils s'aimeront mieux qu'au premier jour de leur mariage. Car ce n'est plus la chair, le corps qu'ils aimeront, mais l'âme, l'esprit. Qu'importe si le corps est ridé, vieilli... Derrière ces rides rayonne une âme magnifique. Et une âme, cela n'a pas de prix !

III

La plupart des humains ont une conscience tellement limitée qu'en aimant leur mari ou leur femme, ils oublient le monde entier; plus rien n'existe pour eux. Et d'ailleurs, eux-mêmes, ils sont tellement petits, étroits, rétrécis qu'on ne les trouve plus nulle part, ils sont perdus on ne sait où, dans l'espace. Ils ne sont pas encore habitués à comprendre l'amour d'une façon plus vaste, ils le rapetissent, ils le diminuent, l'appauvrissent, le mutilent : ce n'est plus l'amour divin qui jaillit et abreuve les créatures. Les hommes, les femmes doivent comprendre que le véritable amour est celui qui ne pousse pas de racines auprès d'un seul être pour l'étouffer. Le véritable amour embrasse toutes les créatures, et cet amour si vaste est beaucoup plus bénéfique pour un couple qu'un amour exclusif.

Mais ne pensez pas maintenant que notre Enseignement encourage toutes sortes d'anomalies. Cet Enseignement est destiné à ceux qui, voyant que l'ancienne vie ne peut pas leur donner la plénitude, veulent chercher une nouvelle vie. Il y a déjà longtemps qu'elle est trouvée, la nouvelle vie, et qu'elle attend les humains. Seulement on ne pouvait pas la leur révéler, ils n'étaient pas prêts à l'accepter; il valait donc mieux les laisser ligotés quelque part, sinon avec ces révélations ils auraient fait trop de dégâts. Tant que les êtres ne sont pas évolués, il est préférable d'entraver un peu leur liberté en les liant à un ou une partenaire qui les empêchera d'aller faire des bêtises un peu partout. Mais à ceux qui n'utiliseront pas leur liberté pour nuire, on peut présenter une autre philosophie, une autre morale.

Il est bien de se marier et d'avoir des enfants, mais les couples doivent être instruits dans des conceptions plus larges, montrer moins de possessivité et de jalousie. Le mari se réjouira de voir sa femme aimer le monde entier, et la femme sera heureuse que son mari ait le cœur si vaste, mais tous deux resteront dans la sagesse et la pureté. Ainsi le mariage, avec toutes les traditions et les règles les plus magnifiques, sera sauvegardé, et en même temps le mari et la femme comprendront qu'ils peuvent sans cesse élargir leur cœur et aimer toutes les créatures sans transgresser les règles de la fidélité et de la sagesse.

Voilà la vraie solution. Nous ne sommes pas contre le mariage, nous ne prêchons pas l'union libre comme on la pratique dans certains pays. D'ailleurs, après quelques expériences, beaucoup ont compris que cette nouveauté-là n'était pas meilleure et ils sont revenus vers la solution traditionnelle. C'est dommage qu'ils n'aient pas trouvé une troisième solution, la bonne. Les gens vont toujours d'un extrême à l'autre sans jamais trouver la troisième solution qui existe pour chaque problème. Et en ce qui concerne le comportement à adopter en amour, il existe aussi une troisième solution. Tant que les humains ne la connaissent pas, ils seront insatisfaits. Ceux qui ont décidé de rester célibataires sentent qu'il leur manque quelque chose et regrettent parfois de ne pas s'être mariés. Ceux qui se sont mariés ne sont pas heureux non plus et regrettent de l'avoir fait. Quand les humains auront trouvé la troisième solution, quoi qu'ils fassent, mariés ou pas, ils seront toujours dans le bonheur et la plénitude.

On ne doit pas abolir le mariage. Le mariage existe depuis tant de milliers d'années qu'il s'est créé un atavisme chez les humains et son abolition serait suivie de toutes sortes de troubles. Supposons que tous disent : «Non, la famille ça ne vaut rien. On doit pouvoir faire tout ce qu'on veut avec tous les hommes et toutes les femmes... Allez, liberté absolue ! » Au bout de quelque temps on s'apercevra qu'il se produit de grandes anomalies à tous les points de vue : physique, psychique, social, économique et on en reviendra à la famille. Puis on en aura assez, on se livrera de nouveau au libertinage, à la débauche, au dévergondage, jusqu'à ce que fatigué, épuisé, dégoûté, on se dise une fois de plus : «Non, la famille, c'était mieux»... et ainsi de suite, sans arrêt, on ira d'un extrême à l'autre, jusqu'au jour où l'on arrivera enfin à la troisième solution.

Cette solution ne se trouve ni dans la famille, ni dans l'amour libre. Elle prend sa source tout d'abord dans l'intelligence : elle consiste à comprendre qu'il existe d'autres aspects de l'amour, d'autres façons de le manifester encore plus merveilleusement, d'autres expressions plus vastes et plus pures, où le mari et la femme tâchent d'avoir l'un de l'autre une conception plus noble, plus élevée et se donnent une liberté mutuelle.

La plupart des gens ne peuvent arriver à cette conception de l'amour : trop de tendances anciennes protestent et se révoltent en eux. Mais lorsque deux êtres vraiment évolués se marient, déjà, d'avance, ils se sont laissé cette liberté mutuelle d'aimer tous les hommes et toutes les femmes. Chacun se réjouit de pouvoir aimer toutes les créatures sans pour autant aller faire des folies avec elles. La femme comprend son mari, le mari comprend sa femme, et tous les deux s'élèvent, marchent ensemble vers le Ciel, deviennent de plus en plus épanouis et illuminés, car ils vivent la vraie vie, pleine d'un amour illimité... Voilà la meilleure solution. Si vous n'arrivez pas à trouver une femme ou un mari qui vous donnent cette liberté, mais qu'ils veuillent toujours vous accaparer, vous limiter, alors mieux vaut ne pas vous marier : ainsi vous resterez libres d'aimer le monde entier sans que personne ait le droit de venir vous le reprocher. Car si les gens sont à ce point étroits, égoïstes et possessifs, cela ne vaut pas la peine de se lier à eux pour voir ensuite, toute sa vie, « le diable pendant le jour » !

La véritable philosophie initiatique ne condamne ni l'amour ni le mariage. Au contraire, c'est elle qui permet aux humains de mieux s'aimer et d'être heureux, parce qu'elle leur apprend à situer les choses. Croyez-vous qu'il est sensé de concentrer toute votre attention, toutes vos pensées, tout votre amour sur un seul homme ou une seule femme ? Le besoin d'aimer est un besoin naturel, mais il faut savoir où concentrer ce besoin, envers qui et de quelle façon. Mariez-vous, ayez des enfants et soyez fidèle à votre partenaire, mais ne vous faites pas d'illusions : un mari, une femme ne vous donneront que ce qu'ils peuvent vous donner.

Chaque femme sur la terre ne reflète qu'une toute petite partie de la splendeur de la Femme cosmique. Toute cette beauté que l'on voit distribuée à travers toutes les femmes est la beauté de la seule et unique femme, la Femme cosmique, la Mère Divine qui réunit toutes les splendeurs, toutes les perfections. Et chaque homme sur la terre ne reflète aussi qu'une partie de la splendeur du Père Céleste, certains un peu plus, certains un peu moins. Donc, en aimant seulement un homme ou une femme, on ne peut jamais être satisfait, jamais comblé, parce que toute la perfection n'est pas comprise en lui ou en elle.

Moi, je ne connais qu'un chemin, je n'ai étudié qu'un chemin : celui de la puissance de l'amour. Mais il faut savoir comment aimer, car les hystéries, les névroses, les dépressions, viennent toujours d'une mauvaise compréhension de l'amour lorsque les énergies sont mal dirigées, mal réglées, mal orientées. Il faut sans cesse faire monter cet amour plus haut, l'élever jusqu'aux régions du Père Céleste et de la Mère Divine.

Bien sûr, on ne peut pas demander à tous d'aimer seulement la Mère Divine à travers toutes les femmes ou le Père Céleste à travers tous les hommes, car très peu en sont capables; la plupart ne peuvent aimer qu'une femme ou qu'un homme à la fois, du moins pendant un certain temps. Bon, c'est très bien de n'aimer qu'une femme ou qu'un homme, mais pourquoi ne pas essayer de voir à travers cette femme ou cet homme toutes les femmes et tous les hommes de la terre?... Il est peut-être encore difficile d'en arriver à cette conception, mais avec le temps, et avec la lumière de la sagesse initiatique, cela viendra. Les hommes et les femmes ne seront plus aussi possessifs, jaloux, limités.

D'ailleurs, pourquoi un homme est-il jaloux? Parce qu'il est ignorant. Il est avec sa femme, et croyant qu'il n'y a là personne d'autre, il est tranquille. Mais s'il savait tout ce qui se passe dans la tête de sa femme, combien de pensées, d'idées, d'images entrent et sortent! Cette femme peut aussi avoir de nombreux amis invisibles, elle peut communier avec les entités de la terre, de l'eau, de l'air... Et quand elle regarde le soleil, combien y a-t-il d'anges qui descendent, l'embrassent, lui donnent des cadeaux? Et le mari, ce berlot, ne dit rien, parce qu'il ne voit rien! C'est seulement dans le plan physique que, si quelqu'un la touche, il prend le fusil. Alors, quelle ignorance!

Si tout votre attachement va à un seul homme, évidemment il sera très fier, très heureux de voir que vous êtes son esclave, que vous ne pouvez rien faire sans lui ; mais vous, il n'est pas sûr que vous soyez heureuse. Et si c'est l'inverse, si c'est l'homme qui est attaché et emberlificoté comme un esclave, la vanité de la femme sera bien sûr très satisfaite de ce qu'un berlot ne puisse plus vivre sans elle, mais est-ce tellement souhaitable pour l'homme ? Depuis des millénaires, les hommes et les femmes sont arrivés à s'enchaîner mutuellement pour satisfaire leur vanité et leur possessivité. Que cela puisse être contraire au bonheur et même au bon sens, cela n'a aucune importance, eux-mêmes sont satisfaits, leur égocentrisme est satisfait, donc tant pis pour la vérité et tant pis pour le bon sens ! Les hommes deviennent des bourreaux, et les femmes aussi.

Quand les humains auront plus de lumière sur cette question, cet ordre de choses changera. Vous direz que ce sera la disparition de la famille, le désordre, l'anarchie ! Non, vous n'avez rien compris : cet amour dont je parle est le véritable amour qui ne s'arrête pas à un seul être, qui ne sombre pas là, qui va plus loin, qui arrose, qui fleurit, qui monte jusqu'au Seigneur. L'homme et la femme se comprennent, s'aident, s'entendent, travaillent à s'élever ensemble, ils sont des associés pour le travail divin, il n'y a pas de jalousie entre eux et leur union a une influence bénéfique sur le monde entier.

IV

AIMER SANS VOULOIR POSSÉDER

Combien de couples viennent me voir, le mari accusant la femme, et la femme accusant le mari de lui être infidèle! Mais quand je vérifie, je vois que c'est de la pure imagination. Au fond, pourquoi fait-on toutes ces histoires? On craint de perdre son bien-aimé, et avec quel plaisir, quel délice on tâche de le troubler, de le tourmenter! «C'est parce que je t'aime, mon chéri, que je te torture...» Quelle logique!

Mais il arrive aussi qu'une femme soit mécontente et malheureuse parce que son mari n'est pas jaloux. Elle voit qu'il l'aime, qu'il ne la prive de rien, qu'il lui donne même la liberté, et au lieu de se réjouir elle s'inquiète et le soupçonne d'avoir une maîtresse. Faut-il qu'il la tienne enchaînée et se comporte avec elle comme un dragon, pour qu'elle soit heureuse? On a déjà vu des dragons auprès des femmes, et celles-ci étaient tout de même malheureuses. On ne peut jamais contenter la nature humaine, croyez-moi. Si le mari donne la liberté à sa femme, elle se plaint : «Pourquoi ne me garde-t-il pas, pourquoi me laisse-t-il libre ? C'est qu'il aime une autre femme ! » Et si c'est un tyran, un despote, elle pousse des cris et cherche un autre homme pour la libérer.

Certains veulent posséder leur mari ou leur femme et les garder seulement pour eux, ils craignent de les perdre s'ils partagent un peu leur affection avec d'autres ; alors apparaît la jalousie, la peur de perdre ce bien, qui, pensent-ils, leur appartient. Mais où est-il donc écrit que votre femme, votre mari, vous appartiennent ? Vous les connaissez depuis deux ans, dix ans, mais ils ont été créés avant que vous ne les connaissiez. Ils ont des parents, ils ont un Créateur, ils existent depuis des millions d'années, ils ne vous appartiennent pas. Le mari dira : «C'est ma femme». Oui, c'est votre femme, mais jusqu'à quand sera-t-elle votre femme ? Dieu seul le sait. Vous êtes des associés, tout simplement. Si vous voulez éviter de graves malentendus, et même de grands malheurs, considérez-la comme une associée volontaire... ou involontaire, ça, l'histoire ne le dit pas. Vous êtes des associés pour entreprendre un travail, construire une maison, par exemple. Oui, quand vous créez un enfant, c'est comme si vous construisiez une maison : l'enfant est un esprit qui vient de très loin et, brique après brique, vous lui construisez une maison, son corps.

Cette peur de perdre l'être que l'on aime est la cause de beaucoup de malentendus. Il faut savoir d'avance que cet être ne vous appartient pas. Vous employez tous les moyens pour le garder, vous le tourmentez, vous le violentez, vous lui imposez votre volonté, mais en réalité, que gardez-vous ainsi ?... Supposons que vous ayez épousé une très jolie femme : pouvez-vous empêcher les hommes de la regarder, de l'admirer, et même de la suivre ? Les occasions ne manquent pas, dans la rue, au théâtre, en société, chez des amis, partout, tout le monde regardera votre femme, et si vous n'êtes pas raisonnable, vous souffrirez. Vous êtes comme quelqu'un qui possède des fleurs dans son parc : il ne peut empêcher leur parfum de se répandre et d'être respiré par tout le monde. En réalité, ce que vous gardez si jalousement, c'est le corps de l'être aimé, seulement une enveloppe, une carapace... Ce qui constitue la véritable richesse de l'être humain, son essence, c'est-à-dire ses pensées, ses sentiments, ne peut être enfermé. La plus grande illusion, c'est de s'imaginer que l'on peut emprisonner une âme humaine... C'est exactement comme si l'on essayait d'enchaîner le sable ou de lier le vent. L'âme ne peut être dominée. On peut arriver à s'emparer du corps physique, mais non de l'être mystérieux qui habite dedans.

Certains ont voulu s'attacher un homme ou une femme par la magie. C'est possible : il existe toutes sortes de formules et de procédés magiques pour envoûter les femmes et les hommes, mais je ne conseille à personne de s'en servir. Pourquoi ? Supposons que vous arriviez à forcer une femme à vous aimer. Il se peut même qu'elle devienne éperdument amoureuse de vous... tout est possible sous le soleil ! Mais quand cette femme vous embrassera et vous donnera ce que vous attendez d'elle, vous ne savez pas ce qu'elle vous communiquera en même temps. Les esprits que vous avez attirés par la puissance de vos formules se sont installés en elle ; ce n'est pas son esprit qui vient vous aimer, mais des entités inférieures, et si vous les voyiez, vos cheveux se dresseraient sur la tête et vous supplieriez le Ciel de vous en libérer. Envoûter les êtres n'est pas une bonne méthode. Bien sûr, vous obtiendrez ce que vous désirez, mais en croyant boire l'amour sur les lèvres de cette femme, vous boirez un poison qui vous détruira peu à peu. On peut évoquer des entités du monde astral et leur imposer sa volonté, mais l'esprit est libre, il ne peut être ni lié ni enchaîné.

Alors, qu'est-ce que la peur de perdre une

carapace, le corps d'un être, sa maison, à côté de la joie de gagner son esprit, d'avoir son esprit à vos côtés? Vous direz qu'il est préférable d'avoir les deux : le corps et l'esprit. Oui, je comprends, seulement il y a d'autres méthodes pour les obtenir. Ce n'est pas par la violence que vous réussirez, au contraire, par ces moyens vous perdrez les deux. Il faut avoir une autre attitude pour que cet esprit libre soit tellement attaché à vous que rien ne puisse le détacher. C'est là que commence la science de l'amour. Pour obtenir de quelqu'un qu'il vous aime librement, sans y être forcé, vous n'avez qu'un moyen inoffensif: ne jamais rien penser de négatif à son sujet, ne lui envoyer que des pensées splendides, lumineuses, pures. Même s'il est dur et méchant, soyez très patient, supportez tout et continuez à l'aider, à l'aimer; si vraiment vous tenez tellement à lui, tôt ou tard il commencera à vous aimer, lui aussi, d'un amour pur et divin.

Quelqu'un dira: «Oui, mais si on ne garde pas jalousement sa femme, elle fera des bêtises.» Détrompez-vous. C'est au contraire si vous la gardez jalousement qu'elle fait le plus de bêtises. Etes-vous dans sa tête, dans son cœur, pour savoir ce qui s'y passe? La femme ira tromper Dieu Lui-même tellement elle est capable de mensonges, et un berlot de mari s'imagine qu'il peut la garder! Il y a une seule chose que je ne crois pas, c'est qu'un homme puisse garder une femme. Elle-même peut se garder, oui, mais pas son mari. Il peut l'enfermer dans une tour, elle fera venir le Diable et s'amusera avec lui pour se venger de son mari.

La jalousie amène toujours des catastrophes. A force d'entendre son mari lui répéter : «Tu me trompes... tu me trompes...» la femme finit par se dire un jour : «Essayons un peu, ce doit être intéressant !» Jusque-là elle était fidèle, elle ne pensait pas à le tromper, mais c'est lui qui, par ses soupçons, finit par créer des conditions dans le plan astral, et à partir du moment où elle décide de le tromper, non seulement elle le fait, mais elle se montrera un as pour calmer ses inquiétudes : «Mon chéri, tu peux être tranquille, je te dis la vérité...» et alors qu'il ne la croyait pas quand elle disait la vérité, maintenant qu'elle lui ment, il la croit.

La jalousie est un manque d'intelligence. On s'acharne à garder «son bien» parce qu'on ne voit pas que l'âme et l'esprit de celui dont on possède jalousement le corps sont absolument libres. Si vous commencez à vous apercevoir qu'il existe dans les êtres un principe subtil avec lequel vous devez régler vos relations, votre compréhension s'élargit et les méthodes que vous employez à l'égard de l'être que vous aimez deviennent plus délicates, plus intelligentes. A ce moment-là cet être commence à s'attacher beaucoup plus fortement à vous, parce qu'il voit que vous respectez sa liberté, que vous ne le violentez pas et qu'il peut avoir confiance en vous. Quand la peur disparaît, vous cessez d'être tendu, grossier, méchant, vindicatif, vous vous apaisez et vous arrivez à trouver des solutions aux problèmes qui se posent à vous.

Supposez même que votre femme ne vous aime plus. Dites-vous alors que cette âme est libre, qu'elle ne sera pas avec vous éternellement, qu'avant vous, dans ses précédentes incarnations, elle a déjà aimé des centaines d'hommes et qu'elle en aimera d'autres après vous. Pourquoi vous casser la tête si elle ne vous aime plus? Et vous, l'aimerez-vous toujours? L'avez-vous aimée depuis la création du monde?... Non. Eh bien, restez tranquille et sachez qu'il est injuste de tout exiger d'un être alors que vous-même, vous vous considérez libre de faire ce qui vous passe par la tête.

La jalousie est un sentiment épouvantable qui obscurcit l'esprit et jette les êtres dans des régions très inférieures où se déchaîne la sensualité. Après une scène de jalousie, vient toujours un accès d'amour sensuel encore plus violent qu'auparavant. Donc, si vous ne voulez pas tomber sous l'emprise d'une sensualité déchaînée, ne manifestez pas de jalousie, car ensuite vous serez ensorcelé et vous ne saurez même pas comment cela s'est fait. Combien d'hommes a-t-on vus faire des scènes terribles à leur femme ou à leur maîtresse, jurer de l'abandonner et puis, poussés par un élan sexuel irrésistible, s'humilier devant elle et abandonner toute dignité pour obtenir une seule caresse !... La jalousie est le plus mauvais conseiller de l'Enfer, elle pousse les gens à commettre des actions insensées qu'ils regrettent ensuite, mais c'est trop tard. On tue sa bien-aimée dans un accès de jalousie, puis on pleure et on se suicide.

Le disciple d'une Ecole initiatique doit en finir avec la jalousie. C'est honteux pour lui de continuer à être plongé dans de tels soucis, de telles angoisses. Si sa femme le quitte, il doit réfléchir et se dire : «C'est triste que je perde ma femme, je vais souffrir, mais il me reste le Ciel, Dieu, la lumière, l'Enseignement, le Maître... Comme je suis riche !» Si vous n'avez qu'un pain, vous ne serez pas généreux, mais si vous en avez des quantités, vous les donnerez en sachant que vous ne resterez pas dans la famine. La jalousie est un signe de pauvreté. Celui qui est riche intérieurement n'a pas peur de rester seul ; même si tous le quittent, il sent que des centaines et des milliers d'esprits continuent à venir le visiter.

Une des meilleures méthodes pour se libérer

de la jalousie, c'est d'apprendre à élever son amour sur un plan supérieur. Pourquoi une femme qui aime un homme pour son intelligence, sa science, son esprit, sa bonté, veut-elle le faire connaître au monde entier? Pourquoi est-elle heureuse que tout le monde vienne s'éclairer, se réchauffer auprès de lui?... Parce que son amour est d'une autre nature, bien supérieure à celle que l'on voit se manifester dans l'amour ordinaire, quand une femme aime un homme physiquement pour sa petite moustache ou ses beaux muscles!

Ce qui est important, c'est de savoir transformer son amour; s'il est très sensuel, sachez que la jalousie lui est inséparablement liée. Oui, plus vous aimez quelqu'un physiquement, plus vous souhaitez qu'il n'appartienne qu'à vous, et la jalousie apparaît. Plus vous l'aimez spirituellement, plus vous avez envie de le donner aux autres, de partager avec eux cette joie de l'aimer.

Il est merveilleux de se marier, mais pour ne pas souffrir, la règle essentielle c'est de ne jamais considérer votre femme ou votre mari comme votre propriété, sinon vous vous heurterez à de grandes contradictions, parce qu'il arrivera toujours un moment où vous vous apercevrez que cet être ne vous appartient pas. D'ailleurs il existait avant de vous connaître et existera après vous; ce n'est pas vous, c'est un Autre qui l'a créé. Alors considérez-le seulement comme votre associé pour cette existence et souvenez-vous qu'il est libre ! S'il veut faire quelque chose pour vous, réjouissez-vous, mais aucune loi ne peut l'y contraindre ; il n'est lié à vous que de son propre et libre consentement. Avant vous il a été lié à d'autres, votre lien avec lui n'est pas éternel. S'il l'était, ce serait votre âme sœur, et vous vivriez en parfaite harmonie. Comme ce n'est pas le cas, c'est donc que vous ne vous connaissiez pas, vous vous rencontrez peut-être pour la première fois.

Chaque femme a déjà eu tellement de maris que, la pauvre, si elle devait les compter, elle ne s'y retrouverait plus ; et chaque homme aussi, combien de femmes il a eues déjà ! Et il n'est pas dit que, dans la prochaine incarnation, ce sera encore la même femme. Donc, il est inutile de se faire des illusions ou de se tourmenter. Il faut que les hommes et les femmes se disent : « Voilà, nous sommes des associés, nous allons travailler de notre mieux, nous allons être honnêtes, c'est tout ! » Et s'ils arrivent à créer entre eux de très bonnes relations, de nouveau ils seront ensemble, pourquoi pas ?

Vous voyez comment les choses s'éclaircissent... Cette science est infinie comme la vie. J'ai la sensation de ne pas avoir encore parlé suffisamment sur ce sujet, comme sur n'importe quel sujet d'ailleurs. Mais j'espère qu'avec la grâce du Ciel et votre bonne volonté, nous arriverons de plus en plus à élucider ces problèmes afin que vous deveniez des fils et des filles de Dieu, heureux, libres. Oui, heureux, libres, dans la paix, même avec vos femmes, vos maris et vos enfants!...

V

COMMENT AMÉLIORER LES MANIFESTATIONS DE L'AMOUR

I

Au cours des âges, la conception de l'amour a évolué. Les primitifs se conduisaient dans ce domaine avec une violence, une brutalité et une sensualité indescriptibles. C'étaient des océans déchaînés, des volcans en éruption. Avec le temps, plus ou moins, avec l'éveil de la conscience, de la sensibilité, de nouveaux éléments se sont ajoutés : la tendresse, la finesse, la délicatesse... Et pourtant, même aujourd'hui, dans la majorité des cas, l'amour est resté une manifestation primitive. Cet amour passionnel, instinctif qu'on a pratiqué pendant des millénaires s'est si profondément gravé en l'homme qu'il ne sait plus comment l'affiner, l'ennoblir, et pour le moment, aimer ressemble encore à un carnage : les gens se jettent les uns sur les autres brutalement, sans préparation, sans esthétique, sans poésie. On a faim, eh bien on mange, on se régale, et on est repu pour un temps ; puis de nouveau, on a faim, et il faut se jeter de nouveau sur la nourriture. Beaucoup de gens, même ceux qui appartiennent à une société soi-disant cultivée, pratiquent l'amour comme des sauvages : aucune poésie, aucune beauté, aucune harmonie, rien, ils se dévorent. Et même s'ils s'efforcent d'offrir à leur partenaire un comportement plus raffiné, ce n'est pas encore le véritable amour, ce ne sont que de petites garnitures.

L'amour est une impulsion magnifique, mais il s'y mêle trop d'éléments passionnels qui empêchent sa nature véritable d'apparaître... Regardez les animaux à la naissance : un petit chien, un petit veau, un petit chevreau... ils ne sont pas tellement propres et leur mère les nettoie. Et on baigne aussi l'enfant qui vient de naître. Eh bien pour l'amour, ce doit être la même chose. L'amour est un enfant divin, parce que sous n'importe quelle forme d'amour, il y a Dieu, mais il faut le nettoyer, le purifier, l'éduquer, le renforcer, le libérer pour découvrir la Divinité. Même l'amour le plus égoïste, le plus inférieur, le plus sensuel contient une quintessence divine, mais recouverte de trop d'éléments hétéroclites, car elle a dû traverser au passage certains endroits qui n'étaient pas tellement propres, des cheminées ou des chemins boueux... Même les meilleures choses qui viennent du Ciel doivent traverser ces couches que nous avons accumulées : des pensées et des désirs inférieurs, et toutes sortes d'élucubrations mensongères. C'est pourquoi, pour le moment, elles sont enveloppées de saletés ; ce sont des pierres précieuses qu'il faut nettoyer. Tant que l'homme ne pense pas à se purifier, toutes les impulsions, tous les élans, toutes les puissances venus du Ciel seront déformés.

L'amour, c'est la vie divine qui descend dans les régions inférieures pour les envahir, les arroser, les vivifier. C'est la même énergie que l'énergie solaire, la même lumière, la même chaleur, la même vie, mais en venant jusqu'à nous, comme un fleuve, elle se charge des impuretés des régions qu'elle est obligée de traverser. Elle a jailli pure et cristalline au sommet des hautes montagnes, mais elle est rendue méconnaissable à cause de sa descente dans les couches inférieures, parmi les humains qui considèrent l'amour uniquement comme un moyen d'avoir du plaisir ou de perpétuer l'espèce.

Alors la question se pose : puisque c'est une énergie divine, la plus puissante, la plus essentielle, comment la rendre à nouveau aussi pure qu'elle l'était au commencement, à sa source ?... Il faut tout d'abord savoir que l'amour a des milliers de degrés, du plus grossier au plus subtil et que l'on peut gravir ces degrés. Par la pensée éveillée, par l'attention soutenue, par un contrôle intelligent, on peut faire un travail sur soi-même pour que cette énergie redevienne aussi limpide que la lumière du soleil et qu'elle agisse bénéfiquement partout où elle passe, au lieu de démolir et de détruire. Il y a donc quelques règles à connaître, mais pour les appliquer, il ne faut pas attendre de tenir sa bien-aimée dans ses bras pendant l'amour. On doit apprendre cela dans les activités quotidiennes, bien avant même que les processus de l'amour ne se déclenchent.

Prenons un exemple. Chaque jour vous devez manger. Mais une fois à table vous n'avalez pas tout ce qui est dans votre assiette, vous faites des triages. Que ce soit des coquillages, des poissons, du fromage, des légumes ou des fruits, il y a toujours quelque chose de grossier ou d'indigeste à laver ou à rejeter. L'homme, qui est plus évolué que les animaux, fait des triages pour la nourriture ; les animaux n'en font pas. Mais quand il s'agit des sentiments et des pensées, il ne fait plus aucun triage, il avale tout. Pourquoi ? Pourquoi, quand les amoureux veulent s'embrasser, n'ont-ils jamais pensé tout d'abord à éliminer les impuretés de ce qu'ils vont «manger» ? Souvent dans leurs sentiments, dans leurs baisers, ils ont laissé se glisser des germes de maladies et de mort que leur inconscience ne leur a pas permis de voir et d'éliminer. Oui, la mort se glisse dans l'amour inférieur, l'amour stupide où il n'y a ni conscience, ni maîtrise, ni lumière. Et c'est cet amour-là qui est partout tellement chanté, loué, glorifié ! Personne ne connaît un autre amour, et si vous en parlez, on vous regardera en se demandant si vous n'êtes pas fou.

Tout commence par la nutrition. Avant de se mettre à table on se lave les mains, et même, dans le passé, on faisait une prière pour inviter le Seigneur à partager le repas. Il y a peut-être encore des paysans qui continuent à le faire, mais les gens cultivés en ont fini avec ces traditions. Car voilà où l'intelligence et la culture conduisent les humains !... Se laver les mains et inviter le Seigneur à sa table étaient des pratiques qui contenaient un sens profond, et les Initiés qui les avaient apportées voulaient dire à leurs disciples : « De même, avant d'aimer un être, avant de le prendre dans vos bras, invitez les anges à participer à ce festin ; mais lavez-vous tout d'abord les mains, c'est-à-dire purifiez-vous, ayez la volonté de ne pas le salir, de ne pas lui laisser vos maladies, vos découragements, votre tristesse. »

Car regardez comment cela se passe en général : le garçon est malheureux, effondré, et il a besoin pour être réconforté d'embrasser sa bien-aimée ; alors, que lui apporte-t-il ? Il lui a tout pris : ses forces, sa joie, ses inspirations, et en échange il ne lui a donné que des saletés ! Il ne devait pas l'embrasser à ce moment-là, mais se dire : «Aujourd'hui je suis pauvre, misérable, sale ; je vais donc me préparer, me laver et quand je serai vraiment dans un bon état, j'irai lui apporter ma richesse.» On ne pense jamais ainsi, mais dans l'avenir, quand on comprendra, on sera honteux et écœuré de voir avec quelle laideur on a aimé les autres. Vous direz : «Mais tout le monde le fait : quand on est triste, on a besoin d'être consolé.» Ce n'est pas parce que tout le monde est inconscient et égoïste que vous devez l'être aussi ! Dans l'avenir tous apprendront à aimer comme le soleil, comme les anges, comme les grands Maîtres qui dans leur amour savent ne jamais prendre, mais toujours donner.

Il y a des jours où vous vous sentez pauvre ; ces jours-là, tenez-vous à l'écart de votre bien-aimée, sinon la loi viendra vous demander pourquoi vous l'avez volée. Les gens sont extraordinaires : quand ils se sentent bien, ils distribuent leurs richesses à n'importe qui, mais quand ils sont malheureux, désespérés, ils viennent dépouiller ceux qu'ils aiment. Ils se conduisent comme des voleurs, oui, parfaitement, des voleurs.

Donc, pour l'amour comme pour la nutrition, la première règle, c'est de ne pas manger la nourriture qui est devant vous sans avoir préalablement fait un triage. Pour cela il faut savoir discerner la différence entre un sentiment et un autre : un sentiment égoïste et un sentiment désintéressé ; un sentiment qui limite et un sentiment qui libère ; un sentiment qui perturbe et un sentiment qui harmonise... Mais pour pouvoir classer les sentiments, il faut être vigilant. Parce que si vous êtes emporté par un élan aveugle et que votre attention soit endormie, vous ne serez pas présent à la frontière pour voir si des ennemis ne sont pas en train de se glisser pour miner votre royaume. La vigilance, l'attention, le contrôle sont nécessaires pour ne pas se laisser emporter. Or, dans leur amour, les gens ne pensent qu'à se laisser emporter. Supprimer la pensée, la conscience, être enivrés, voilà pour eux le grand amour. Il paraît que si on n'est pas ivre, on a moins de sensations ! Mais qu'en savent-ils ? Ont-ils essayé d'être vigilants, de faire ce triage et de se lier aux courants supérieurs pour voir quelle joie ils vont éprouver et quelles découvertes ils vont faire ?... Puisqu'ils n'ont jamais essayé, comment peuvent-ils se prononcer ?

L'amour inférieur, l'amour passionnel apporte la mort. L'astrologie peut le confirmer. Le Zodiaque dont nous parlent les astrologues est un livre vivant, où les Initiés lisent les grandes vérités de la vie et du monde, et ce livre est là, reflété dans tout ce qui existe sur la terre. Ce sont les douze constellations qui ont créé, façonné toutes les formes d'existence sur la terre. Si on veut résoudre un problème philosophique, il faut s'adresser à ce grand livre de la nature qui est en haut, le Zodiaque, et c'est ce que j'ai fait plusieurs fois devant vous.

Maintenant, prenons cette question de l'amour et de la mort et demandons au Zodiaque quels sont les signes qui parlent de l'amour. Beaucoup de signes peuvent nous répondre, mais particulièrement le Taureau et la Balance, parce qu'ils sont les domiciles de Vénus. Le Taureau représente la fécondité de la nature, l'amour y est encore primitif, sensuel. Le taureau Apis, qui était un symbole de la fertilité, était adoré par les Egyptiens justement pour pouvoir attirer les forces de la constellation du Taureau et les fixer sur le Taureau Apis, afin que la terre produise d'abondantes récoltes. Par des cérémonies magiques, les prêtres égyptiens réussissaient à fixer cette abondance. L'autre domicile de Vénus, la Balance, représente au contraire un amour plus pur, plus élevé. Cela ne signifie pas que tous ceux qui ont Vénus en Balance manifestent un amour spirituel et divin, (en réalité il y a beaucoup d'autres éléments négatifs qui peuvent entrer en ligne de compte), mais en général, la Balance est le signe de l'amour spirituel, sensible à la beauté, à la poésie, à la musique. L'amour du Taureau a besoin de toucher, de goûter, tandis que celui de la Balance se contente d'écouter, de regarder.

Mais ces signes du Taureau et de la Balance doivent être étudiés en relation avec les signes opposés : à l'opposé du Taureau, le Scorpion, et à l'opposé de la Balance, le Bélier. Le Scorpion est lié aux organes génitaux, ce qui souligne encore la nature sensuelle du Taureau, et il représente la huitième maison astrologique, la maison de la mort, ce qui montre bien que, dans l'amour primitif où l'homme avale tout sans aucun discernement, se glissent les germes de la mort, tout d'abord les discussions, les divergences de vues, puis les guerres, les révoltes, la destruction. Tandis que le signe de la Balance est lié au Bélier qui représente la tête, c'est-à-dire l'audace, le courage, le désir d'avancer, d'explorer, de monter vers les hauteurs, de se dépasser, de se sacrifier. Le Christ est souvent représenté comme un agneau, parfois un bélier. Le Bélier c'est la tête et, symboliquement, au lieu de se manifester avec passion et emportement, il se manifeste avec mesure, sagesse, raison. Le Bélier, c'est la germination, tout ce qui pousse, tout ce qui vit. Si une plante pousse, c'est qu'il s'est déjà produit une illumination en elle, un discernement : les éléments de mort sont rejetés, la vie jaillit et circule.

Donc le Bélier, lié à la Balance, représente l'amour spirituel où la pensée vigilante tâche de ne pas laisser pénétrer les impuretés. Le Bélier est le premier signe du Zodiaque, le signe du printemps, l'époque où tout renaît. Il représente l'amour, l'amour du soleil, l'amour spirituel d'un Initié qui commence à jaillir comme lumière, comme chaleur, comme vie. Cet amour est pur parce que la pensée est là, présente. A la frontière, il y a des douaniers qui ne laissent pas pénétrer des éléments nocifs. Au moment où vous embrassez votre bien-aimée, votre pensée est vigilante, vous voyez exactement ce qui se passe en vous et ce qui se passe en elle, vous vous liez aux Intelligences sublimes, vous faites des découvertes, vous êtes dans la lumière, vous devenez puissant. Est-ce que cela vaut la peine de sacrifier toutes ces acquisitions : la puissance, la joie, l'illumination, pour quelques petits emportements ou enivrements ?

Si avant de tenir dans vos bras l'être que vous aimez, vous vous liez à la Divinité, exactement comme avant de vous mettre à table vous appelez le Seigneur pour qu'il participe à votre repas, vous donnez à cet être des éléments divins qu'il n'a encore jamais reçus. Et son âme vous sera éternellement reconnaissante parce que votre amour était désintéressé : vous avez voulu l'éclairer, le vivifier, le lier au Christ, à la Mère

Divine, et seul cet amour-là est constructif. Vous direz: «Oui, mais comment peut-on être heureux en mêlant le Christ et la Mère Divine à notre amour? C'est impossible!» Au contraire, c'est seulement grâce à eux que vous serez heureux, parce que votre amour sera durable. Vous n'aurez plus ni amertume, ni lassitude, ni jalousie, ni inquiétude: seul l'amour désintéressé n'apporte aucun trouble. Sinon, vous êtes comme un voleur qui a pris de l'argent quelque part; sur le moment il jubile, mais bientôt il ne cesse de se demander: «Est-ce qu'on m'a vu? Est-ce qu'on me suit? Est-ce qu'on va me trouver?» finie la tranquillité. Dans l'amour inférieur, égoïste, on n'est plus tranquille non plus. Quelqu'un dira: «Mais si, je suis parfaitement tranquille.» Alors, c'est que vous êtes un animal. Ils sont toujours tranquilles, les animaux. Regardez le chat: quand il s'est jeté sur la souris, avec quelle tranquillité il se lèche les babines! Mais quand on est un tout petit peu plus évolué, on ne peut pas garder cette tranquillité-là.

Vous direz que je vous demande des choses impossibles. Oui, je sais, mais simplement en connaissant la vérité, la solution idéale d'une question, on fait déjà un progrès, même si on n'arrive pas à de grandes réalisations. Du moment que l'on connaît une vérité, elle travaille déjà au-dedans et on s'approche d'elle de plus en plus. Si on ne la connaît pas, bien sûr jamais on ne l'atteindra ; mais si on la connaît, alors la moitié du chemin est déjà faite, car on est lié à cette image de perfection idéale, poétique. Voilà pour vous de grandes possibilités en perspective, bien qu'il reste encore beaucoup d'autres points à développer.

La question de l'amour sera posée devant les générations à venir. Toutes les autres questions pâliront et le monde entier ne se préoccupera que de cette question vitale, l'amour : comment aimer, comment par l'amour devenir une divinité. Parce que l'amour est Dieu, Dieu est amour. Si l'homme a des relations correctes avec l'amour, il a des relations correctes avec Dieu Lui-même.

II

Quand on aime quelqu'un, on ne se demande jamais comment on l'aime. On dit : «Je l'aime, je l'aime...» Ça, c'est sûr qu'on l'aime, personne n'en doute, mais on ne se pose pas de questions sur la nature de cet amour, car on appelle amour chaque convoitise, désir, besoin ou appétit. Du moment que le sentiment est là, il faut lui céder et même le raisonnement est interdit : l'intellect se tait ; devant le cœur qui est occupé à aimer, l'intellect n'a pas voix au chapitre. Le cœur lui dit : «Tais-toi ! Je parle, l'amour parle, qu'est-ce que tu as à dire, toi ?» En réalité, si la pensée et le sentiment travaillaient en collaboration, l'amour se manifesterait sous des formes et des couleurs meilleures.

Moins un être est évolué, plus il cède devant l'insistance de son amour sans analyser s'il est désintéressé, pur ou utile. Du moment qu'il aime, il n'y a pas à réfléchir ; voilà pourquoi on trouve tellement de romans, de pièces de théâtre et de films pour raconter les aventures de ceux qui aiment. D'ailleurs, s'ils n'avaient pas ces sujets tellement passionnants, que feraient les romanciers, les poètes, les auteurs dramatiques et même les journalistes ? Grâce à l'amour, quels matériaux, quelles possibilités merveilleuses de se pencher sur les désespoirs, les vengeances, les assassinats !... C'est intéressant, c'est riche, c'est amusant, il y a du travail pour tout le monde, même pour ceux qui fabriquent des cercueils, même pour les pompiers. Un homme, là-bas, a mis le feu pour se venger de ne pas avoir été exaucé dans ses désirs, et alors les sonneries, les sirènes, les klaxons : «Pin-pon, pin-pon» et tout le monde s'écarte pour laisser passer les pompiers qui vont éteindre le feu allumé par un berlot amoureux !

Dans les plus grands sanctuaires initiatiques du passé, dans les Mystères, on enseignait que l'amour est la seule condition du véritable perfectionnement, de la véritable libération. Et qu'est-ce qu'on voit maintenant ? Justement, le contraire : dans leur façon de comprendre et de manifester l'amour, les humains s'avilissent, se limitent, et s'ils apprennent quelque chose, c'est l'Enfer, les tourments, les jalousies, les révoltes. Ils apprennent, ça oui, mais le côté négatif, car chacun ne pense qu'à soi-même et ne cherche qu'à se satisfaire en se moquant complètement de ce qu'il adviendra de l'autre : on le déchire, on bouleverse sa vie, on saccage son avenir, sa beauté, son honneur ou sa situation, peu importe, pourvu qu'on assouvisse sa faim. Ainsi va le monde !

Les humains ont-ils étudié, se sont-ils instruits dans la Science initiatique pour discerner la nature du besoin qui les pousse, son degré de vibrations, et la catégorie où il faut le classer : est-il divin, humain, infernal, est-il égoïste, désintéressé, beau, laid... ? Non, ils ont un besoin, c'est tout ce qui les préoccupe. Donc, ils sont encore comme des animaux, et même pire que les animaux, car ceux-ci suivent l'instinct de leur espèce et seulement à des périodes bien déterminées de l'année, tandis que les humains sont obsédés jour et nuit par leur sensualité, jusqu'à lui donner des formes dévergondées et vicieuses que la nature elle-même n'avait pas prévues.

Pour agir mieux, l'homme est obligé de réfléchir, de se poser des questions, de s'analyser. Il se dira : «J'aime cette fille, c'est entendu, mais que lui apportera mon amour ? Vais-je l'aider à progresser, à être plus libre, ou bien lui compliquer l'existence ?» Mais il ne réfléchit pas, et quand un enfant arrive, il la quitte sans se préoccuper de savoir comment elle va se débrouiller, toute seule, pour élever cet enfant. Et une fille de son côté, pense-t-elle souvent à l'avenir du garçon qu'elle essaie de séduire? Elle va déchaîner en lui les instincts les plus inférieurs – car les femmes ont des pouvoirs magiques qui arrivent à réveiller même les plus froids – et ensuite, le pauvre, il ne sera plus jamais tranquille. Mais ça lui est bien égal : elle est fière de son triomphe, cela lui prouve qu'elle a du charme.

Les disciples apprennent à penser davantage à leur partenaire. D'ailleurs, comme on leur a enseigné les lois de la réincarnation et du karma, ils savent que s'ils n'agissent pas correctement dans cette vie, ils seront obligés de redescendre sur la terre pour réparer leurs fautes, et souvent dans de grandes souffrances. Donc, ne serait-ce que pour éviter de plus grands malheurs, ils s'efforcent d'aimer leur mari ou leur femme d'une façon toujours plus noble et désintéressée, au lieu d'être sans cesse là à se désagréger, à chercher qui écrasera l'autre, dominera l'autre, profitera de l'autre : aucune compréhension, aucune concession, un égoïsme formidable ! La femme ne veut jamais entrer dans la situation de son mari, toujours elle réclame, elle critique, elle est hargneuse... Et lui, il veut tout lui prendre, l'utiliser, l'asservir...

Les hommes et les femmes doivent s'efforcer de se comprendre et de s'estimer parce qu'ils ont un travail à faire en commun. Le mari doit toujours se dire : «Voyons si ma femme est heureuse, si rien ne lui manque, si je ne lui ai pas fait des promesses que je n'ai pas tenues.» Et la femme doit se poser aussi les mêmes questions. Quand ils s'habitueront à sortir, pour quelques minutes seulement, de leur point de vue, à oublier leurs partis pris, que de choses leur seront révélées! Leur horizon s'élargira, un champ d'activités extraordinaire s'ouvrira devant eux...

Sinon, les maris, les femmes, ne m'en parlez pas! Tous ont les mêmes tendances: posséder, garder, asservir. Voilà pourquoi, dans certains cas, il est préférable de ne pas se marier: pour être libre de faire un travail, et au lieu de rendre une seule femme heureuse (ce qui est d'ailleurs impossible!) rendre toute l'humanité heureuse. Vous direz: «Comment? On ne peut pas rendre une femme heureuse?» Non, il est plus facile de faire le bonheur du monde entier que celui d'une seule femme. Pourquoi? Parce que, quoi que vous fassiez pour elle, une femme ne sera jamais satisfaite. Après la mort de son mari, oui, quelquefois, elle reconnaît ses qualités, mais tant qu'il est vivant, le pauvre, c'est un imbécile, un incapable, le voisin fait toujours mieux, il achète tout à sa femme: une voiture, un frigidaire, une machine à laver, des bijoux, des fourrures... Même si vous vous mettez en quatre, jamais vous ne contenterez une femme!

Maintenant n'allez pas penser que vous devez vous séparer de votre femme ou de votre mari. «Oui, mais d'après ce que vous nous racontez, on peut tirer une telle conclusion.» Pas du tout. C'est bien de se marier et d'avoir des enfants, simplement il faut considérer les choses de façon juste. Que la femme pense que son mari est un aspect du Père Céleste, un aspect un peu maladroit et déformé pour le moment, bien sûr, mais au lieu de toujours se plaindre de lui, qu'elle mette cette idée dans sa tête : elle acceptera plus facilement ses imperfections et vivra heureuse avec l'espoir de le voir vraiment devenir un jour une divinité. Evidemment, en attendant ce bon avenir il y aura quelques inconvénients à supporter, mais qu'elle se dise : «Mon mari ! pour tomber sur lui c'est que je l'ai mérité à cause de mes autres incarnations, car il y a une justice dans le monde. Donc, je dois l'accepter pour cette vie, voilà une occasion d'apprendre, de m'améliorer», et ainsi, au lieu de contracter de nouvelles dettes en voulant se libérer, elle efface les anciennes. Tandis que si elle se conduit mal, la dette augmente et elle se retrouve de nouveau avec le même mari dans une autre incarnation pour la régler sous la même forme ou sous une autre.

Cela vaut donc la peine d'accepter cette philosophie pour se libérer. Le mari aussi peut se demander : «Pourquoi, sur deux milliards de femmes, suis-je tombé sur celle-ci ?» En réfléchissant, il trouvera que ce n'est pas par hasard. Il y en avait tellement d'autres... et non, justement celle-là ! Eh bien, c'est à cause de cette femme qu'il fera un travail intérieur, qu'il développera certaines qualités et vertus. Vous voyez, on ne raisonne pas ainsi parce qu'on n'est pas instruit sur la réincarnation, la loi des causes et des conséquences, le karma...

Il faut aussi ajouter qu'en considérant son mari comme la manifestation du Père Céleste, déjà, magiquement, la femme le lie au Père Céleste. Vous croyez que cela ne donne aucun résultat ? Eh bien, vous vous trompez, car à ce moment-là les qualités du Père Céleste commencent à se déverser sur le mari, et voilà que ce bonhomme se met à changer, sans même savoir pourquoi. C'est parce que sa femme, en l'aimant, en lui disant : «Oh, que tu es beau, que tu es intelligent, que tu es sage !» l'a lié au Père Céleste. Il n'est peut-être rien de tout cela, mais ces paroles travaillent dans sa tête et il fait des efforts dans ce sens pour ne pas la décevoir. Ainsi, cette femme, qui est éclairée, s'améliore elle-même en faisant des efforts, et en même temps elle transforme son mari.

Dans le passé, les gens divorçaient beaucoup moins. Maintenant ils ne peuvent même pas rester quelques mois ensemble. Ils sont trop personnels, trop égoïstes, chacun tire la couverture à soi, et si ce phénomène continue il n'y aura bientôt plus aucune stabilité dans les familles. Que ceux qui sont mariés ne se séparent pas sans avoir bien réfléchi, car il existe souvent d'autres solutions que de se séparer. Quant à ceux qui ne sont pas mariés, qu'ils ne se dépêchent pas de se lier, qu'ils étudient bien la question tout d'abord, car une fois marié il est préférable de ne pas divorcer. Il faut apprendre comment vivre une vie familiale modèle dans l'harmonie et dans l'amour.

Il y a quelque temps, j'ai reçu la visite d'un couple. Lui était déjà marié, père de deux enfants, et il voulait divorcer pour épouser la jeune femme qui l'accompagnait. Je lui ai dit : «Vous devez savoir qu'il y a deux chemins : le premier est celui du plaisir et de la satisfaction personnelle où l'on ne se préoccupe pas des autres ; si vous vous y engagez – soi-disant pour être heureux – vous serez obligé de transgresser certaines lois. En marchant sur ce chemin qu'empruntent les faibles, les égoïstes, les sensuels, vous allez vous charger de dettes et vous éprouverez ensuite des remords pour avoir basé votre avenir sur le malheur des autres. En définitive, vous ne serez ni heureux ni satisfait, car très peu de temps après avoir possédé ce que vous convoitiez, vous serez rassasié, puis viendront les regrets. C'est pourquoi je vous conseille de prendre le second chemin, celui de la grandeur, du sacrifice, du renoncement, le chemin divin, que beaucoup ont suivi, et en le suivant ils sont devenus des êtres remarquables. Sur ce chemin lumineux du devoir et de l'accomplissement de la volonté divine, vous allez étudier, réfléchir, combattre, apprendre à surmonter tous ces désirs, ces tiraillements, et vous deviendrez le maître de la situation, vous serez visité par la paix et le triomphe.»

Tandis qu'à la jeune femme j'ai dit ceci: «Comment! Parmi deux milliards d'hommes sur la terre, vous n'avez pas pu en trouver un qui ne soit pas marié? Pourquoi s'acharner sur un être déjà engagé pour désunir et démolir toute une famille? En serez-vous fière un jour? Il fallait le laisser tranquille. – Mais on s'aime! – Oui, je connais cet amour-là, il faut en finir avec cette sorte d'amour.»

J'ai encore expliqué au mari: «Si vous suivez votre désir, vous reviendrez dans une autre incarnation payer les dettes contractées envers votre femme. Supposez que votre femme souffre de votre abandon qu'elle n'a rien fait pour mériter, croyez-vous que le destin vous laissera impuni? Vous aurez des dettes à payer et ce n'est pas la peine de se surcharger ainsi. Vous recevez ici un enseignement, une lumière, on vous donne toutes les connaissances pour remédier à votre situation et vous voulez les laisser de côté? Si vous n'étiez pas dans cette Ecole, je comprendrais que vous fassiez les mêmes folies que tout le monde, vous seriez excusable. Mais vous n'êtes pas excusable, car vous avez le privilège inouï de connaître les moyens d'agir correctement.»

Pour finir je me suis adressé aux deux: «Alors, maintenant, il faut choisir; si vous suivez le chemin qui vous tente, je peux vous prédire point par point ce qui vous attend...» Et ils sont partis, décidés à suivre mon conseil. C'était magnifique, parce que je ne m'y attendais pas. J'ai dit au mari de m'amener sa femme car j'ai des méthodes pour arranger cette situation, mais pour les lui révéler, la présence de sa femme était nécessaire.

Le monde entier connaît de tels tiraillements. Il n'y a qu'adultères, femmes et maris trompés, et aucun ne pense qu'en faisant souffrir l'autre il se charge d'un lourd karma et qu'il devra se réincarner pour réparer. Il faut réfléchir et étudier avant de s'abandonner à tous les tiraillements de sa nature inférieure.

Certains, bien sûr, trouveront que leur conduite est impeccable, qu'elle doit rester la même pour l'éternité, et ils continueront à en retirer un grand plaisir, car en mangeant, en buvant, en s'amusant, on ressent quand même un grand plaisir, on ne peut pas le nier. Mais il manque tout le reste, toute une dimension divine... Pour évoluer véritablement, chacun doit se poser la question: «Comment suis-je en train d'aimer? De quelle nature est cet amour? Quels sont mes souhaits, mes désirs?» et essayer d'élever les élans qui l'animent jusqu'aux expressions et aux manifestations les plus subtiles et les plus lumineuses pour pouvoir connaître enfin la vie éternelle.

VI

SEUL L'AMOUR DIVIN PRÉSERVE L'AMOUR HUMAIN

I

Beaucoup de mariages finissent par un échec et pourtant au fond d'eux-mêmes, l'homme et la femme continuent envers et contre tout à nourrir l'espoir qu'ils trouveront un jour leur âme sœur, que ce sera merveilleux, divin, qu'ils goûteront la plénitude. Alors, d'où vient leur espérance? De cette connaissance profondément enfouie en chaque être, qu'en haut, dans le monde divin, l'union des deux principes masculin et féminin se réalise dans la plus grande pureté, la plus grande splendeur. C'est parce que l'homme et la femme s'unissent trop bas qu'ils ne trouvent pas ce qu'ils cherchent. Parfois, une seconde, ils goûtent une sensation d'extase, d'unité absolue. Malheureusement, cela n'arrive que rarement et ils finissent toujours par découvrir qu'ils sont deux êtres différents, séparés, et que leur espérance n'était qu'une illusion. Mais s'ils sont déçus, c'est qu'ils n'ont pas compris la vérité sur le vrai mariage. Le vrai mariage, c'est quand l'homme et la femme s'unissent avec leur âme et leur esprit dans la pureté et la lumière. Alors là, oui, le bonheur est possible et tout ce qu'ils espèrent se réalise pleinement.

Les humains portent ces vérités profondément enfouies en eux-mêmes, et ce n'est donc pas dans leurs croyances ou leurs aspirations qu'ils se trompent, mais dans la recherche. Leur erreur, c'est d'avoir oublié qu'il existe dans l'univers une Intelligence sublime qui est d'une bonté, d'une générosité, d'un amour sans égal. Elle nous a tout donné : la vie, le corps, la santé, la nourriture, l'eau, l'air, le soleil, les fleurs, les fruits, et des richesses tellement immenses qu'on ne peut pas toutes les énumérer. Mais cette Cause première, cet Etre divin qui nous soutient et qui est prêt à nous donner la vie éternelle, le savoir, la puissance, la victoire définitive, eh bien, l'homme l'oublie et s'imagine qu'il trouvera son bonheur, sa force, sa santé, la satisfaction totale dans une créature de chair et d'os, limitée, ignorante, faible, chétive, malade. Que s'est-il passé dans la tête des humains pour qu'ils aillent aimer de toutes leurs forces, de tout leur cœur, de toute leur pensée, un être faible qui ne peut que leur apporter des souffrances, des regrets, des charges?... Comment ont-ils pu à ce point oublier l'essentiel?

Maintenant, bien sûr, vous me présenterez toutes sortes d'objections: «Cet Etre dont vous nous parlez est tellement lointain ! C'est comme s'Il n'existait pas : on ne peut ni Le voir, ni L'entendre, ni Le toucher, tandis qu'on peut voir, toucher, caresser cet être humain bien habillé, bien maquillé, bien parfumé, bien réel. » Je sais d'avance comment vous allez m'expliquer pourquoi vous préférez prendre un être tellement limité, pauvre et ignorant pour remplir votre vie, plutôt que le Créateur de tous les mondes sans penser que même votre âme et votre esprit seront contaminés par cet être de prédilection que vous avez placé dans votre cœur.

Comprenez-moi bien, je n'ai jamais dit de ne pas aimer un homme ou une femme, mais seulement de ne jamais les mettre à la première place. Quand vous aurez placé le Seigneur dans votre cœur, s'il reste un peu de place quelque part dans le plan physique, un endroit dans le lit, vous pouvez prendre une autre créature pour rompre votre solitude. Mais la première chose, c'est de reconnaître, d'aimer, d'apprécier l'Etre de tous les êtres, Celui qui distribue tout. Que dans votre âme il y ait d'abord la Splendeur des splendeurs, la Lumière des lumières, et ensuite, si vous voulez, prenez quelqu'un d'autre, il n'y a rien à objecter. Mais ne placez jamais un homme ou une femme à la première place, parce que tout sera sens dessus dessous !

Un véritable spiritualiste met d'abord le Seigneur dans son cœur, dans son âme, dans son intelligence, dans son esprit, puis il cherche la créature qui est la plus capable de le faire se souvenir du Créateur : il s'arrête auprès d'elle, il la prend comme collaboratrice dans le plan physique parce qu'il sent quelque chose en elle qui le rapproche de la Source divine ; c'est une messagère qui lui parle du Ciel. A ce moment-là, oui, c'est différent. Mais aller s'amouracher de quelqu'un qui ne vous rappelle pas le Seigneur, qui ne vous éclaire pas, ne vous purifie pas, ne vous ennoblit pas, et qui va même introduire en vous le désordre, la jalousie, la cruauté, la destruction, c'est insensé !

J'ai vu beaucoup de personnes s'enchaîner à des créatures qui les coupaient du Ciel, qui les empêchaient de se lier au monde sublime, de prier, de méditer, et même d'être bonnes. Ces personnes se laissaient absorber stupidement sans même discerner dans quel gouffre elles seraient précipitées quelque temps après. Eh oui, aucun discernement, aucun critère ! Je ne suis pas contre les mariages, les associations, les amitiés, les échanges, mais avant de s'engager, il faut avoir quelques connaissances. Oublier cette source d'amour à laquelle jour et nuit on peut s'abreuver pour se sentir enfin comblé, ne pas travailler pour se lier à elle, mais aller puiser à de tout petits marécages, à des flaques d'eau, dans l'espoir qu'on sera émerveillé et dans la plénitude... quelle folie!

Quand on a étudié la Science initiatique, quand on sait s'abreuver sans cesse à la Source inépuisable de lumière, d'amour, de bonté, de générosité, à ce moment-là, oui, on peut aller auprès des créatures pour les aider, les éclairer, les vivifier. Mais ignorer cette réalité sublime, se couper d'elle pour s'aventurer dans des marécages où grouillent des têtards et toutes sortes de bestioles, c'est incompréhensible. Et pourtant, c'est ce que font la plupart des humains; ils ne pensent qu'à aller s'embourber dans des marécages, et ensuite, on les voit s'arracher les cheveux, pousser des cris, chercher à se libérer sans savoir comment, et à la fin, ils se battent, ils s'entretuent.

Il faut apprendre, tout d'abord, auprès de ceux qui savent, et ensuite seulement se décider à construire sa propre vie. Mais on reste ignorant et on se jette dans des aventures passionnelles, stupides, parce que tout le monde agit ainsi. Pourquoi doit-on imiter tout le monde? Si on fait comme tout le monde, on aura les ennuis de tout le monde, on sera malheureux, misérable et malade comme tout le monde. C'est cela, une vie magnifique?... Il ne faut pas imiter tout le monde, mais suivre les conseils du petit nombre d'Initiés qui ont vécu sur la terre et qui ont trouvé le sens de la vie, la lumière, la vérité, la liberté et la paix. Ces êtres-là peuvent vous aider, ils connaissent les méthodes et possèdent les moyens.

Donc, souvenez-vous : tant que vous ne cherchez pas l'amour à la Source, que vous vous contentez uniquement de quelques petites condensations, quelques gouttes rencontrées au hasard et pas tellement limpides ni transparentes, vous serez malheureux et vous ne trouverez pas l'amour. Mais si vous le cherchez là où il se trouve, dans le monde divin, en Dieu Lui-même, il vous visitera toujours, il vous abreuvera toujours. Vous le sentirez, vous le boirez, vous le mangerez et vous serez comblé sans arrêt. Vous serez même étonné et vous allez vous dire : « Mais comment cela se fait-il ? Je n'ai ni femme ni enfant, et cet amour éclate en moi ! »

Buvez d'abord l'amour à la Source divine, et ensuite, si vous voulez, cherchez partout ailleurs où se sont déposées quelques gouttes de cet amour, mais ce sera si maigre, si pauvre à côté de la Source ! Que peut-on faire avec quelques gouttes de rosée ? Vous direz : « Mais les boire, se régaler ! » Oui, et le lendemain, quand vous chercherez encore d'autres gouttes, vous ne trouverez plus rien. Vous croyez avoir trouvé l'amour parce qu'un jour une fille vous sourit, vous embrasse et vous jure un amour éternel. Mais le lendemain elle vous foudroie, car elle a trouvé quelqu'un d'autre. L'amour humain est tellement changeant ! C'est pourquoi les Initiés vont boire directement à la source inépuisable de l'amour divin ; chaque jour ils s'abreuvent sans arrêt et si abondamment qu'ils peuvent ensuite abreuver les autres. Pourquoi oublier cette richesse inépuisable pour aller mendier un petit peu d'amour quelque part, quelques paroles, quelques regards, quelques sourires, quelques baisers, en pensant qu'on sera comblé ? Aujourd'hui vous êtes rassasié, mais demain de nouveau vous aurez faim et soif...

Et ne me racontez pas pour vous justifier que vous avez besoin d'amour ! Croyez-vous être les seuls ? Croyez-vous que je n'en aie pas besoin ? Peut-être même que j'en ai plus besoin que vous. Seulement, entre vous et moi il y a une toute petite différence : c'est que j'ai appris à le chercher et le trouver, tandis que vous, non. C'est une différence minuscule, insignifiante, mais qui fait toute la différence !

Pourquoi se lier à des gens qui n'ont ni lumière, ni foi, ni espérance, ni amour envers Dieu, rien : des pierres ! et ensuite on devient aussi une pierre. Que peuvent faire deux pierres ensemble ? En tout cas pas bâtir une maison ;

elles ne peuvent que se heurter à cause des intempéries, et peut-être que de temps en temps jailliront quelques étincelles, c'est tout. Avant de se lier à lui, il faut regarder ce qu'un être porte dans sa tête et dans son âme, et s'il n'y a pas grand-chose, ne vous liez pas, à moins que vous n'ayez énormément de foi, d'espérance, d'amour, de chaleur, de bonté, de patience et de bonne volonté. Si c'est le cas, liez-vous, mariez-vous, non pour attendre quelque chose de cet être terre à terre et éteint, mais pour le ranimer, l'aider, l'éclairer. Alors oui, votre geste est divin.

Malheureusement en général on ne se marie pas dans ce but. Même si l'autre est pauvre intérieurement, on cherche à lui prendre encore quelque chose, à s'assurer, se protéger, et voilà comment au bout de quelque temps les deux sont doublement pauvres. Donc, réfléchissez : si vous avez vraiment le désir de faire un sacrifice et que vous soyez suffisamment armé pour résister, mariez-vous, votre sacrifice sera pris en considération et votre nom inscrit dans le livre de la vie. Le monde invisible sera émerveillé de voir que vous voulez donner sans rien attendre en retour, et ce sera une bénédiction pour votre partenaire, parce que vous arriverez à l'animer, à l'éclairer, à le purifier, à le faire vivre mieux. C'est digne, c'est noble, c'est grand.

On rencontre de tels cas de générosité et de sacrifice, surtout parmi les femmes. Malheureusement, le désir de sauver quelqu'un ne suffit pas, et souvent elles ne réussissent pas, car elles n'ont ni savoir, ni méthodes, ni résistance physique. Il faut un savoir, des moyens, des méthodes pour sauver un alcoolique ou un drogué, sinon c'est lui qui sera le plus fort, et non seulement il ne changera pas, mais il détruira sa femme. Combien de fois il est arrivé que des femmes si bien inspirées pour sauver un homme de la boisson aient fini par mourir de chagrin ! Leur mari passait les nuits au bistrot et au retour il les battait. Ce n'est pas tellement facile de sauver quelqu'un ; il faut être très fort pour résister et continuer jusqu'à la victoire. Vous ne devez pas surestimer vos capacités, mais mesurer vos forces et si vous voyez qu'elles ne sont pas très grandes, ne vous engagez pas, contentez-vous de prier le Ciel en faveur de cette malheureuse créature que vous aimez. Pour s'engager soi-même il faut être solide, et quand on ne possède pas les moyens, il vaut mieux ne pas tenter l'expérience.

Réfléchissez bien à tout ce que je vous dis, car il est nécessaire d'avoir une grande clarté sur un sujet aussi important que l'amour et le mariage. C'est souvent dans ce domaine que l'on tombe, que l'on échoue et que l'on perd tout son héritage céleste. Il faut donc penser juste. Tout d'abord, vous devez chercher l'amour qui est Dieu Lui-même, l'introduire définitivement en vous, et ensuite, si vous vous sentez capable d'aider quelqu'un, vous pouvez chercher l'amour dans le plan physique, mais ne vivez jamais à ses crochets.

Si vous avez sur la question de l'amour des notions justes et correctes, vous pouvez alors travailler et collaborer avec les forces de la lumière. Une bonne compréhension de l'amour est absolument indispensable pour votre avenir. Si vous ne voyez pas la relation, moi je la vois très clairement. De votre conception de l'amour dépend votre avenir.

II

L'homme et la femme qui s'aiment doivent être conscients qu'ils sont une partie d'un grand Tout qui ne cesse de les alimenter, sinon ils se limitent, et cette limitation est très préjudiciable à leur amour. Chacun est comme une bouteille à laquelle l'autre vient boire, et s'ils ne sont pas liés à la Source divine, ils seront bientôt obligés de se séparer car chacun aura épuisé le contenu de l'autre, et une fois qu'il n'y a plus rien, que peut-on faire sinon jeter la bouteille? Pour que la bouteille ne soit jamais vide, il faut la brancher à la Source cosmique, et alors il y aura toujours à boire, l'amour n'aura jamais de fin.

C'est là qu'intervient la science magique du lien. Pensez que l'être que vous aimez est une créature unique et qu'il dépend de vous de la lier à la Source. La femme doit considérer son bien-aimé comme un aspect du Père Céleste, et l'homme sa bien-aimée comme un aspect de la Mère Divine, c'est cette façon de se considérer qui les maintiendra liés à la Source ; et de cette Source couleront des énergies fantastiques qui viendront les envahir, les combler. L'amour vous donne toutes les possibilités, mais comme vous n'êtes pas éclairé, au lieu de lier l'être que vous aimez au Ciel, vous vous accrochez à lui sans savoir qu'ainsi vous êtes en train de le lier à l'Enfer, que vous le vouez aux créatures destructrices. Avec le temps, vous vous apercevez que cet être périclite, qu'il perd sa lumière. A qui la faute ? Pourquoi ne l'avez-vous pas lié au Ciel ? Maintenant, vous êtes inquiet, vous vous posez des questions à son sujet, et pourtant c'est très simple, c'est vous qui l'avez branché aux régions inférieures. Vous devez donc le brancher avec les régions célestes, vous devez le projeter très haut pour qu'il puisse boire, manger, respirer. Et s'il arrive à faire la même chose avec vous, à ce moment-là vous n'êtes plus des bouteilles, vous devenez vous-mêmes des sources.

Il n'y a pas un domaine plus important que l'amitié, l'amour, l'affection, et c'est là qu'il faut le plus de lumière. Quand on aime quelqu'un, il ne faut pas tellement penser à soi, car on oublie tout ce qui est divin et sacré, et on entraîne son bien-aimé dans les régions inférieures de ses désirs et de ses convoitises. Or, l'amour, c'est au contraire de faire des sacrifices, de se surpasser, de faire quelque chose de grand pour son bien-aimé, et il n'y a rien de plus grand que de le lier à la Source.

Désormais, quand vous vous approcherez de l'être que vous aimez pour le prendre dans vos bras, pensez à le projeter vers le Ciel en le liant aux entités les plus sublimes. Et même, au lieu d'appeler sa bien-aimée par son nom : «Jeannette, ou Caroline, etc...» que l'homme s'adresse à la Mère Divine, et que la femme fasse de même en s'adressant au Père Céleste à travers son bien-aimé. A ce moment-là au lieu de limiter leurs échanges au côté inférieur où on ne sait jamais toutes les impuretés qu'on peut absorber, l'homme et la femme se lient à la Source qui est Dieu, et ils deviennent comme des lampes, ils donnent sans arrêt de la lumière. C'est sur la Source de perfection qu'il faut toujours se brancher.

Un petit freluquet dit à une fille : «Chérie, je te rendrai heureuse». Vous le regardez : il est faible, ignorant et malheureux, comment la rendra-t-il heureuse? C'est pourquoi, au lieu de puiser pour leur propre plaisir dans les richesses que Dieu leur a données : cette vie, cette chaleur, cette présence, cet amour réciproque, ces émanations... l'homme et la femme doivent les employer pour aller plus loin et plus haut. En se liant l'un et l'autre au Père Céleste et à la Mère Divine, ils captent des forces dans ces réservoirs inépuisables, ils y boivent un amour pur, incorruptible, et ils se sentent désaltérés, éclairés, renforcés, rajeunis et heureux.

Et même si vous vous trouvez devant un inconnu, où que ce soit, vous pouvez sans rien lui dire, essayer de le lier à la source de la lumière : souhaitez-lui de comprendre la nouvelle vie, souhaitez-lui de trouver la paix qu'il n'a encore jamais goûtée. Son âme recevra tous vos bons souhaits, et si jamais il ne peut pas les capter, eh bien, vos bonnes pensées retourneront vers vous, car tout ce qui n'atteint pas son but revient vers celui qui l'a envoyé. Ainsi, toute la journée vous avez des occupations sensées, et l'un après l'autre, chaque jour viendra embellir votre existence. Sinon, c'est toute la vie qui s'en va, toute la splendeur de la vie qui s'en va inutilement. Pour un spiritualiste il y a du travail, il y a des activités qui donnent à la vie un sens indescriptible.

Vous trouvez peut-être que ce que je vous raconte là est bizarre. Bon, si vous voulez. Mais moi je m'adresse seulement à quelques-uns, à ceux qui sont déjà prêts à comprendre ces idées et à les appliquer. Quant aux autres, qu'ils continuent à pratiquer l'amour comme ils l'ont toujours fait. Ils verront si cet amour durera longtemps ! D'ailleurs, regardez, même dans les foyers apparemment les plus unis, où pour de multiples raisons, le mari et la femme ne se sont jamais séparés depuis trente ou quarante ans, si vous leur posez la question, en réalité ils auraient bien aimé quelquefois changer un peu de partenaire ; alors, à défaut, ils ont mis secrètement dans leur cœur, lui une étoile de Hollywood, et elle un chanteur de charme...

Quand un homme et une femme ne sont pas branchés à la Source, leur amour n'est pas divin et il ne peut durer. Tous parlent de l'amour, tous ont la prétention de le connaître, mais un beau jour ils s'aperçoivent qu'en réalité le véritable amour ne les a pas encore visités. Le véritable amour est quelque chose qui dure, qui est au-delà de la mort. Voilà le plus grand secret. Le plus grand secret, c'est de savoir, à travers l'être que vous aimez, boire directement à la Source. A ce moment-là, oui, votre amour peut durer, parce que vous puisez votre vie à la Source. Même pendant votre vieillesse vous sentirez couler à travers vous des énergies d'une telle fraîcheur, d'une telle pureté, d'une telle luminosité, que vous serez sans cesse émerveillés l'un de l'autre : vous ne verrez ni vos rides, ni vos cheveux blancs, mais seulement une âme et un esprit rayonnants de beauté et de jeunesse. Tandis que les autres, qui ne puisent pas à la Source, à dix-huit ans déjà ils se sentent vieux, blasés, et ils se séparent, parce qu'il n'y a plus une goutte dans la bouteille. Et quelquefois même ils prennent la bouteille, et allez, par terre, en morceaux !

C'est une erreur de croire que l'amour humain peut durer éternellement. Il est fait d'une matière oxydable, corruptible, et il s'effrite. N'ayez jamais confiance en quelqu'un qui vous dit : «Je t'aimerai pour l'éternité» ; un mois après, il s'est déjà amouraché de quelqu'un d'autre. D'ailleurs, d'une façon générale il vaut mieux se méfier des promesses des humains : au moment où ils sont un peu éméchés ils promettent n'importe quoi, mais en se réveillant, ils changent d'avis et disent : «Dans quel état j'étais pour faire une promesse pareille ?» Sous l'influence d'une émotion qu'est-ce qu'on peut raconter ! Les amoureux, au lit, se font des serments, des promesses, des déclarations invraisemblables, mais quelques heures après, ils se bagarrent, ils se déchirent. Comment croire à l'éternité de l'amour humain ? Seul l'amour divin est éternel. Puisez en lui, et vous verrez, vous continuerez à aimer pendant des millions et des milliards d'années sans être jamais lassés, fatigués ni écœurés, parce que c'est le seul amour qui soit toujours nouveau, savoureux, délectable. Il n'y a pas de mots pour l'exprimer !

VII

L'ACTE SEXUEL DU POINT DE VUE DE LA SCIENCE INITIATIQUE

Dans les relations sexuelles entre les hommes et les femmes il n'y a rien en soi de mauvais. Si c'était le cas, pourquoi toute la nature ne montre-t-elle rien d'autre chez toutes les espèces depuis la création du monde ? Si l'acte lui-même était répréhensible, comment la nature le tolérerait-elle, comment le Ciel n'aurait-il pas déjà exterminé tous ceux qui le pratiquent ? L'acte en soi n'est ni mauvais ni bon ; seule l'intention qu'on y met le rend criminel ou saint. Pour prendre une comparaison, qu'est-ce qui est le plus important : le robinet ou l'eau qui coule à travers lui ? Le robinet sera peut-être en or, mais si c'est de l'eau sale qui coule... Ce qui compte, c'est que l'eau soit pure. Or, une mauvaise intention est comparable à de l'eau sale et une bonne intention à de l'eau cristalline et vivifiante. Ce qui importe, ce n'est donc ni les gestes de l'amour, ni les organes, mais la qualité des énergies, des émanations, des quintessences qui se dégagent, la nature de toutes ces forces psychiques que projettent l'homme et la femme lorsqu'ils s'aiment.

Quand un homme n'a pas travaillé sur lui-même pour s'ennoblir et se purifier, quand il a des intentions égoïstes ou malhonnêtes, même s'il a attendu de se marier pour accomplir cet acte, il est coupable. Il sera peut-être approuvé et applaudi, sa famille lui fera un festin, la mairie et l'Eglise lui donneront l'une le droit et l'autre la bénédiction, mais la nature le condamnera. Car que va-t-il communiquer à sa femme? Des maladies, des vices, des influences nocives, c'est tout. Donc, même si le monde entier approuve son acte, les lois de la nature vivante se prononceront contre lui parce qu'il salit sa femme. Et inversement, tout le monde vous reprochera peut-être d'avoir des relations sexuelles sans vous être marié, mais si vous avez déversé le Ciel dans l'âme de la femme que vous aimez, tous les anges, en haut, seront émerveillés.

Le bien et le mal ne résident pas dans le respect ou non des conventions, mais dans la nature, la qualité de ce que vous apportez. Le Ciel ne se préoccupe pas de savoir si l'union d'un homme et d'une femme est légitime ou illégitime, il s'intéresse à ce qu'ils vont se donner mutuellement pour leur bien, pour leur édification et leur évolution réciproques. C'est sur ces critères qu'il se prononce, car c'est là l'essentiel. Les humains doivent travailler sur eux-mêmes, se purifier, s'harmoniser, se perfectionner afin que, s'ils doivent un jour avoir une descendance, ce soit le Ciel qui se manifeste à travers elle. Et même ceux qui, comme les Initiés, ne se marient pas, travaillent sans cesse à se purifier, à s'éclairer pour devenir des divinités sans se soucier de l'opinion de leur entourage qui critique les célibataires. D'ailleurs, en réalité, ils ne sont pas célibataires. Mais je reviendrai plus tard sur ce sujet.

En ce qui concerne la sexualité, vous trouverez de nombreux détails dans les livres de médecine, d'hygiène ou d'éducation sexuelle ; il existe toute une littérature que je n'ai jamais parcourue, d'abord parce que je n'ai pas le temps, mais surtout parce que cela ne m'intéresse pas d'entendre parler de l'acte sexuel exclusivement du point de vue anatomique, physiologique, ou... «technique», si vous voulez. On trouve tout dans ces livres-là, sauf ce que je vous révèle, c'est-à-dire le côté spirituel de cet acte. Car l'amour n'est pas un amusement, c'est un travail gigantesque, splendide, de reconstruction, de réédification, de résurrection, de divinisation.

Les organes sexuels sont les racines de l'être, et si on en use n'importe comment, on peut abîmer l'être entier, car les racines, c'est très important, tout dépend d'elles, tout vient d'elles. Ce sont ces racines-là qui colorent l'ensemble de la personnalité, qui donnent toutes les nuances d'un tempérament, d'un caractère. Regardez seulement les différences qui existent entre l'homme et la femme. Beaucoup de manifestations de leur vie physique, affective, morale, intellectuelle, ont leur origine, leurs racines dans ce que l'on appelle «les parties intimes». Ces organes représentent un résumé de l'homme et de la femme.

Il est par exemple dans la nature de la femme d'amasser, de retenir, alors que l'homme, lui, est gaspilleur par nature. Tout le monde l'a remarqué, mais on ne sait pas quelle en est l'origine. En réalité, c'est très clair, mais les gens ne savent pas faire d'analogies. Le caractère de la femme, le caractère de l'homme s'expliquent par la conformation de leurs organes sexuels. La femme retient, amasse ; son rôle est de recueillir, de préserver, de conserver. Bien sûr, il existe aussi des femmes gaspilleuses, mais alors ce ne sont pas de vraies femmes, ce sont des hommes déguisés ! C'est donc pour une raison bien déterminée que l'Intelligence cosmique a donné à la femme la propriété d'attirer et de retenir : il ne faut pas qu'elle disperse, sinon il n'y aurait pas d'enfant. Tandis que si l'homme gaspille, du point de vue de la nature c'est moins grave, il y a encore des matières premières. Il faut beaucoup de graines, beaucoup de semences pour récolter très peu. L'homme doit être généreux pour que se produise au moins une naissance, sinon tout serait dispersé ou tomberait sur un sol improductif. Tandis que si la femme était aussi généreuse que l'homme, ce serait la stérilité ; c'est pourquoi elle garde précieusement le peu qu'elle reçoit.

Ces dispositions physiques, à conserver chez la femme et à gaspiller chez l'homme, on les retrouve aussi dans leur caractère. La femme a besoin de tenir quelque chose dans les mains, un mari et ensuite des enfants. Quand elle ne peut retenir l'homme et qu'il lui échappe, elle s'accroche à l'enfant. Comme il est tout petit et qu'il demande sa protection, elle est heureuse parce qu'elle peut le garder. Mais dès qu'il grandit, lui aussi lui échappe et elle est de nouveau malheureuse, parce que finalement elle ne possède rien. Ce besoin de possession chez la femme complique tout. Vous direz : «Et l'homme, il ne veut pas posséder ?» Non, il veut jouir – grossièrement dit – dans le plan physique ; pour lui la possession, c'est de profiter puis de s'enfuir. Tandis que la femme pense tout d'abord à enchaîner l'homme, et ensuite elle veut bien lui donner tout le reste. L'homme dit : «Ne t'inquiète pas, après on arrangera tout ; d'abord, goûtons cela. » Mais la femme n'est pas bête, elle sait qu'une fois qu'il a goûté, il s'en va ; c'est pourquoi elle dit : « Non, tout d'abord laisse une signature ici », et elle l'oblige à faire un contrat, à prendre un engagement.

La sexualité est un domaine très riche, très vaste, on peut l'observer – et on l'a observé – de multiples points de vue : organique, physiologique, psychologique, social, moral, religieux. Mais ce que l'on ne connaît pas encore, c'est le point de vue initiatique, car il n'a pour ainsi dire pas été révélé.

J'ai entendu parler de certaines expériences faites par des chercheurs et des médecins. Par exemple, afin d'étudier tous les phénomènes physiologiques qui se produisent pendant l'amour, ils appliquent des électrodes sur diverses parties du corps de deux volontaires, un homme et une femme ; ils les relient par des fils innombrables à des appareils d'enregistrement, et tout cet appareillage leur donne des diagrammes qui varient au fur et à mesure que l'homme et la femme sont là en train de s'embrasser et ainsi de suite, emberlificotés dans cette forêt de fils ! Comme il y a de plus en plus de gens soi-disant très émancipés et libres de tous les vieux préjugés moraux, quand on demande des volontaires pour ce genre d'expériences, ils sont, paraît-il, des centaines à s'offrir. Quant à ceux qui font ces études, il ne faut pas trop se demander s'ils ne regardent vraiment que les diagrammes. L'histoire ne dit pas tout ce qui se passe aussi en eux ; il doit se produire des réactions intéressantes, et c'est dommage qu'ils ne soient pas eux-mêmes branchés sur des appareils identiques... Mais quelles que soient leurs observations, ils sont encore loin de trouver tout ce que la Science initiatique nous révèle sur l'amour.

Même s'ils connaissent un jour toutes les réactions physiologiques dans leurs moindres détails, les scientifiques ne sauront encore rien de l'amour tant qu'ils n'auront pas étudié ce qui se passe au niveau des radiations, des émanations, des projections éthériques, fluidiques, subtiles. Et d'ailleurs ils ne soupçonnent même pas qu'il existe des phénomènes de cette espèce. Eh bien, moi, c'est ce côté-là de l'être humain qui m'intéresse, car c'est le plus important. Ce qui est le plus important dans l'acte sexuel, c'est de savoir dans quelle direction sont projetées les énergies, ce qu'elles partent faire dans le monde comme dégâts et destructions, ou comme constructions et réalisations, et qui s'appropriera ces énergies. Est-ce que ce ne sont pas des éruptions volcaniques qui iront retomber sur la tête de certains et ensevelir des villes entières – symboliquement parlant ?... Alors, voilà ce que doivent savoir les hommes et les femmes : s'ils veulent simplement éprouver du plaisir, certaines entités inférieures, des élémentaux, des larves, des forces souterraines de la nature capteront les énergies qu'ils projettent et s'en régaleront à leurs dépens.

Oui, il faut que les hommes et les femmes sachent qu'avec leurs excès de sensualité ce sont eux qui sont en train de nourrir toutes les entités malfaisantes, les larves, les élémentaux qui déchirent et dévorent l'humanité. Et même, dans les boîtes de nuit ou dans les endroits de débauche, vous ne savez pas combien il y a d'entités, et pas seulement des larves, mais des êtres humains désincarnés, des âmes inférieures, qui sont là et qui assistent au festin pour s'emparer de ces énergies. Oui, des humains qui n'ont pas pu s'assouvir ici lorsqu'ils étaient sur la terre fréquentent ces endroits pour se nourrir des émanations grossières de ceux qui se livrent à la débauche.

Tout cela, les Initiés l'ont étudié depuis longtemps. Si le but de l'amour est inférieur, si l'homme et la femme cherchent seulement le plaisir, sachez qu'ils ouvrent en eux-mêmes une porte par laquelle les entités inférieures se faufileront, et alors quels dommages, quels ravages elles vont faire en très peu de temps ! Tandis que l'amour spirituel chasse les entités nocives, mais nourrit les anges et les archanges qui veulent, au contraire, sauver l'humanité. Les énergies de l'amour sont des énergies divines qui doivent retourner vers le monde divin. Lorsque ceux qui s'aiment sont conscients de cette vérité, des quantités de forces intelligentes dans la nature dirigent ces énergies et les utilisent pour le bien de l'humanité tout entière, et même de tout le cosmos, car ce sont des énergies vivantes, formidablement vivantes !

C'est donc d'abord le but qui compte, et si l'homme et la femme s'unissent avec la conscience de la grandeur de cet acte, ils peuvent avec toutes ces énergies faire un travail gigantesque. Des anges, des entités supérieures bénéficient de ces énergies et viennent aider ces deux êtres qui s'embellissent et se renforcent sans arrêt. Il existe toute une science qui était connue jadis en Egypte, en Inde, et surtout au Tibet, et ceux qui mettaient en pratique ces grandes vérités, parvenaient même à prolonger leur vie et à obtenir des pouvoirs, parce que la puissance de l'amour est la plus formidable puissance dans le monde. Aucune force ne peut la dépasser ni même l'égaler. L'amour est tout-puissant.

En parcourant certains livres ou articles que l'on publie actuellement sur l'amour, je me suis souvent demandé pourquoi, au lieu d'aller poser des questions aux Initiés, leurs auteurs se contentaient de faire des enquêtes auprès des gens les plus ordinaires. Evidemment, leurs conclusions sont véridiques puisqu'elles sont fondées sur l'expérience de nombreuses personnes, mais elles sont faussées puisque ces enquêtes ne tiennent pas compte de l'expérience des êtres les plus évolués. Il fallait leur demander leur avis : ç'aurait été une grande découverte pour beaucoup. En attendant, les médecins conseillent aux jeunes d'avoir des relations sexuelles pour remédier, paraît-il, à certains déséquilibres. J'ai eu l'occasion à plusieurs reprises de parler avec certains qui avaient reçu ce genre de conseils, et pour la plupart qui les avaient suivis, c'était encore pire. Pourquoi donner des conseils pareils quand on connaît encore si mal la structure de l'être humain ? Il se peut que ce soit une solution pour quelques-uns, mais pas pour tout le monde.

Ce serait peut-être une solution si les hommes et les femmes avaient une meilleure compréhension de ce que doit être l'acte sexuel, et s'ils ne se contentaient pas de satisfaire leur corps physique sans se préoccuper de l'âme et de l'esprit. Mais tout est pour le corps : ils l'admirent, le caressent, lui parlent, l'embrassent, lui font faire toutes sortes de contorsions. Que l'âme et l'esprit soient ensuite dans les ténèbres et les tourments, ça leur est bien égal. Je n'ai jamais dit qu'on ne devait pas se donner beaucoup d'amour; si, il faut se donner beaucoup d'amour, mais dans les régions supérieures, au lieu de se rencontrer seulement dans le corps physique, s'exciter, se satisfaire et ensuite ronfler... Mais on ne veut pas s'élever, et au lieu d'être conscient de l'importance de l'acte sexuel pour son évolution spirituelle, on est pressé, pressé de s'enfoncer dans les marécages, et même pour ceux qui manqueraient d'imagination il y a toute une littérature qui présente les postures les plus invraisemblables afin d'avoir le plus de plaisir possible.

Malheureusement, tous ceux qui les pratiquent sont loin de se douter des forces négatives qu'ils attirent avec de telles postures. Prenons l'exemple d'un aimant : ses deux extrémités sont polarisées. Pour attirer un autre aimant, il faut tourner le pôle nord de l'un vers le pôle sud de l'autre, car deux pôles de même nature se repoussent. L'être humain aussi est polarisé : les pieds et la tête sont deux pôles différents, de même que le côté gauche et le côté droit, le devant du corps et le dos. Placez-vous dos à dos, c'est une chose ; face à face, c'est autre chose. Si l'on connaît ces nuances, on peut les utiliser dans le domaine pratique, même pour guérir les êtres. Selon que l'on sait ou non se polariser avec les humains, avec la terre ou avec la nature tout entière, il se produit des attractions ou des répulsions, des bienfaits ou des anomalies. Et quand un homme et une femme s'amusent à pratiquer des positions invraisemblables, sans le savoir ils attirent des forces maléfiques, repoussent des forces bénéfiques et perturbent ainsi chaque fois quelque chose en eux.

Mais quels sont ceux qui accepteront de réfléchir à tous ces problèmes? Quand il s'agit de goûter le plaisir, plus de réflexion! Au contraire, tous sont enchantés de se perdre, de s'anéantir, car c'est dans cet anéantissement qu'ils trouvent le bonheur. D'ailleurs, ils vous le disent carrément: «Si on ne perd pas la tête, on ne sent rien.» Ils signent donc leur arrêt de mort spirituelle. Mais c'est cette attitude qui est acceptée et qui se propage. Si un homme est vigilant, s'il se maîtrise pour ne laisser passer dans son amour que ce qui est lumineux, poétique et bon pour sa partenaire, elle va le regarder en se disant: «Ce n'est pas un homme, ça, il garde sa lucidité, il ne perd pas la tête.» Mais si elle voit un trouble dans ses yeux, s'il souffle à ébranler le monde entier et que tout s'écroule dans sa tête, ses convictions, ses décisions, ses projets, elle se dit: «Ah, ça c'est merveilleux, ça vaut la peine, voilà un homme!» Ce n'est pas vraiment qu'elle l'admire, mais elle est fière de son pouvoir sur lui, elle pense qu'elle l'a dans la poche. En voyant que l'homme est troublé, qu'il est perdu, elle se réjouit, elle triomphe, elle se dit : «Ah, ah ! il paraissait très fort, mais maintenant, c'est fini, je ferai de lui tout ce que je voudrai.» C'est donc sa nature inférieure qui triomphe, parce qu'elle pourra le dominer, le diriger, le mener par le bout du nez pour qu'il fasse tous ses caprices. Eh bien, ce triomphe n'est pas tellement magnifique, c'est une cruauté camouflée.

Il ne faut pas que la femme se réjouisse de voir son mari, son amant capituler à ce point. Au contraire, à ce moment-là, elle doit s'inquiéter, parce que pour elle aussi une pareille attitude n'annonce rien de tellement fameux. Car ces gestes tellement saccadés et fébriles, ce regard injecté de sensualité révèlent qu'il veut s'assouvir, manger, déchirer, et que pour cela il est prêt à la saccager, à tout lui prendre. Mais elle aime ça, elle ne demande que ça. Et même, si un homme la regarde avec respect et émerveillement, avec une grande lumière et une grande pureté dans le regard, elle n'est pas tellement contente : «Celui-là, pense-t-elle, je ne peux rien attendre de lui», et elle l'abandonne. Parce qu'instinctivement la femme aime se sentir comme la pâte dans les mains du boulanger, retournée, malmenée, tourmentée, ça lui plaît, tandis que le respect et les regards célestes ne lui disent pas grand-chose. Il y a des exceptions, mais en général c'est tellement vrai !

Il faut que les hommes et les femmes cessent de se donner le plaisir pour but. Bien sûr, vous vous demandez ce qui va vous rester si vous ne cherchez pas le plaisir... En réalité, vous aurez un plaisir, et même dix fois plus grand, mais plus pur, et l'essentiel, c'est que vos énergies ne seront pas brûlées. Donc, le résultat sera différent : des lumières, des lumières, des lumières... et le Ciel viendra se réjouir devant la beauté de votre amour.

J'en entends certains qui me disent : « Mais, Maître, ce que vous nous racontez là est impossible à réaliser. Tout le monde dit que la lucidité tue le plaisir, que plus la pensée est éveillée, moins le plaisir est grand. » En réalité, la pensée a été donnée à l'homme pour mieux vivre le véritable amour ; sans elle, la part animale, primitive, étendrait sur lui toute sa puissance. C'est la pensée justement, c'est l'intelligence à travers la pensée qui doit contrôler, orienter, sublimer les énergies.

Bien sûr, la majorité des humains trouvent leur joie dans les éruptions volcaniques de l'amour ; ils ne savent pas que ce sont aussi les plus destructrices et les plus coûteuses, car à ce moment-là ils consument au-dedans d'eux-mêmes les matériaux les plus précieux : leurs idées, leurs projets, leurs inspirations poétiques. Tout cela est brûlé, et ils n'ont plus les mêmes élans, les mêmes enthousiasmes, ils le constatent ensuite. Au contraire, si dans votre amour vous gardez la pensée lucide, si elle veille, surveille, contrôle, dirige les forces, évidemment vous ne ressentirez pas un plaisir tel que beaucoup de gens l'entendent, c'est-à-dire animal, grossier, épais, dénué de noblesse, de spiritualité et d'ailleurs incontrôlable, mais grâce à votre pensée, vous pourrez faire un travail spirituel, et le plaisir se transformera en joie, en émerveillement, en ravissement, en extase... grâce à la lumière !

C'est dommage que les humains ne veuillent pas faire l'effort d'aller jusque-là pour voir comment on peut transformer l'amour. Même si, sur le moment, ils se sentent consolés, soulagés, libérés d'une tension trop forte, au bout de quelques mois ou de quelques années, quand on les regarde, ils sont devenus ternes, épais, sans inspiration. Tandis que ceux qui se décident à utiliser cette énergie primitive formidablement puissante, qui est un don de Dieu, pour des buts célestes, des buts solennels, ceux-là auront des centaines d'autres joies, d'autres plaisirs, et ils seront émerveillés de voir qu'ils font des découvertes et des découvertes... jusqu'à l'infini.

Il ne faut pas s'arrêter en chemin, il faut

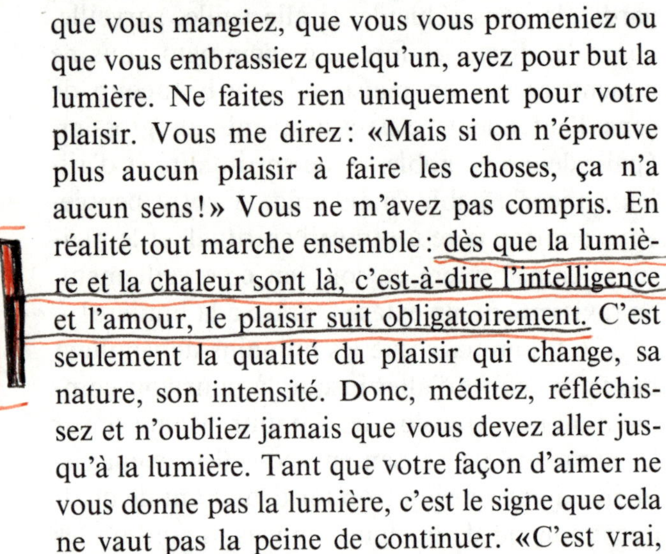

dépasser la limite du plaisir, cesser de stagner à ce niveau trop bas : il faut monter, percer les nuages jusqu'à contempler le soleil. C'est pourquoi n'oubliez jamais de mettre dans toutes vos actions un but lumineux. Quoi que vous fassiez, que vous mangiez, que vous vous promeniez ou que vous embrassiez quelqu'un, ayez pour but la lumière. Ne faites rien uniquement pour votre plaisir. Vous me direz : «Mais si on n'éprouve plus aucun plaisir à faire les choses, ça n'a aucun sens !» Vous ne m'avez pas compris. En réalité tout marche ensemble : dès que la lumière et la chaleur sont là, c'est-à-dire l'intelligence et l'amour, le plaisir suit obligatoirement. C'est seulement la qualité du plaisir qui change, sa nature, son intensité. Donc, méditez, réfléchissez et n'oubliez jamais que vous devez aller jusqu'à la lumière. Tant que votre façon d'aimer ne vous donne pas la lumière, c'est le signe que cela ne vaut pas la peine de continuer. «C'est vrai, direz-vous, dix fois cela n'a rien donné, mais peut-être que la onzième...» Non, vous vous casserez les reins, et vous n'obtiendrez rien du tout, tant que votre vrai but n'est pas la lumière.

VIII

SUR L'ESSENCE SOLAIRE DE L'ÉNERGIE SEXUELLE

Que cherche un homme chez une femme? Quand on le voit agir, bien sûr, il semble ne chercher que des formes bien matérielles, «bien en chair», comme on dit – inutile de préciser lesquelles. Mais pourquoi n'est-il jamais vraiment satisfait? Parce qu'il ignore que ce qu'il cherche en réalité, ce n'est pas cette matière-là, mais une autre matière, fine et subtile, que la femme est seule à posséder et dont il a besoin. Seulement, le pauvre, il n'en trouve pas beaucoup, car lui-même ne sait pas ce qu'il cherche chez la femme, et comme la femme n'a pas conscience non plus de posséder cette quintessence si précieuse, elle ne fait rien pour travailler sur elle et la lui donner. Quant à la femme, ce qu'elle cherche dans l'homme, c'est la force, la force d'un esprit supérieur. Mais ce qu'elle trouve le plus souvent, c'est la force brutale, la violence, ou bien la faiblesse. Aucun des deux ne sait apporter à l'autre ce dont il a besoin, c'est pourquoi ils restent insatisfaits.

Oui, à travers leurs étreintes et leurs embrassements, les hommes et les femmes ne cherchent qu'une chose : la quintessence la plus pure de la Mère Divine et la force la plus pure du Père Céleste. Tant qu'ils ne les trouvent pas, leurs échanges ne peuvent pas être idéals. Et c'est ce qui se passe sans arrêt : deux animaux qui font des échanges. Mais lorsque deux êtres qui s'aiment ont cette conscience, cette pensée, cet éveil, ce désir de donner à l'énergie sexuelle une destination divine, tout devient sacré. Ce ne sont pas les processus eux-mêmes qui sont purs ou impurs, coupables ou innocents, c'est le contenu, c'est le but, c'est ce qu'il y a dans la tête de l'homme et de la femme. Du point de vue physique il n'existe pas quatre-vingt-dix manières de se rapprocher, mais une seule. C'est dans le domaine éthérique qu'il existe des milliers de façons de vivre l'amour. Dans le plan physique il n'existe qu'une façon, traditionnelle, cosmique, appelez-la comme vous voulez, et on ne peut pas reprocher aux humains de ne pas en avoir trouvé d'autres. Comment faire, du moins pour le moment, pour avoir un enfant d'une manière différente de celle utilisée depuis des millénaires ? Ce n'est pas possible (laissons de côté les dernières découvertes de la science concernant l'insémination artificielle et les bébés-éprouvettes parce que cela nous amènerait trop loin). Mais dans l'âme, dans le cœur, dans la pensée, l'amour offre tellement de nuances, de possibilités, d'expressions... jusqu'à l'infini.

En réalité ce n'est pas seulement au moment où l'homme fertilise physiquement une femme que ses organes sexuels ont une activité. Non, de la même façon que les yeux par exemple sont toujours en train d'exprimer quelque chose de la vie intérieure, le sexe aussi reflète et exprime cette vie intérieure. Ce ne sont que des émanations, des radiations éthériques, mais ces radiations ne sont pas les mêmes chez tous les hommes ; leur qualité dépend de la vie que l'homme mène, si cette vie est spirituelle ou animale.

L'homme parfait, l'homme idéal, l'homme tel que l'Intelligence cosmique l'a créé dans ses ateliers, est semblable au soleil, et ce qui émane de lui est de la même quintessence que la lumière solaire, mais à l'état éthérique. C'est pourquoi, ceux qui abusent de cette force, au lieu de comprendre qu'elle est imprégnée de la sainteté, de la lumière et de la vie du soleil et qu'ils peuvent s'en servir pour des créations magnifiques, le soleil les punit en les privant de ses trésors les plus précieux.

Plus un être se rapproche de la perfection, plus ses émanations deviennent semblables à la lumière : comme la lumière elles se propagent à travers l'espace et les créatures qui sont sensibles les reçoivent et en bénéficient. Voilà pourquoi les hommes et les femmes doivent chercher à atteindre la perfection du soleil : parce que c'est toujours cette même force, cette même énergie solaire qui sort à travers leur cerveau, leurs yeux, leurs mains, leur parole, leur pensée, et aussi à travers leurs organes sexuels. Et comme la lumière du soleil, la force sexuelle apporte ses bénédictions non seulement aux humains, mais aux plantes, aux pierres, à toute la nature. L'Intelligence cosmique a conçu la création d'une façon divinement vaste et belle, ce sont les humains qui déforment tout, rapetissent tout, enlaidissent tout.

L'énergie sexuelle est de la même nature que l'énergie solaire. Cette idée doit vous encourager à devenir plus purs, plus lumineux. A quoi sert d'entendre des révélations pareilles si elles ne produisent pas sur vous des résultats bénéfiques, si elles ne vous poussent pas à souhaiter redevenir semblables à cet être primordial quand il sortit des ateliers du Seigneur, rayonnant comme le soleil...

De même que le soleil anime toutes les planètes, de même il existe des êtres qui peuvent animer, vivifier toutes les créatures en éveillant dans leur cœur et dans leur âme des élans sublimes. Beaucoup de femmes préféreraient être stimulées, inspirées par une force de nature plus spirituelle que physique, mais comme très peu d'hommes sur la terre sont assez conscients, éclairés et maîtres d'eux-mêmes pour les inspirer dans les plans supérieurs, elles sont obligées de se contenter de ce qu'ils leur donnent. L'homme fertilise la femme exactement comme le soleil fertilise la terre. Mais désormais il doit apprendre à donner des semences dans le plan spirituel, pour que la femme, dans son âme, dans son cœur, mette au monde des enfants divins. Le moment est venu de commencer à comprendre l'amour dans son état de pureté idéale.

L'élixir de la vie immortelle est contenu dans les rayons du soleil, et on peut donc le boire chaque matin. Mais au lieu d'être là, attentifs à ne pas laisser gaspiller toute cette richesse, les humains ont la tête ailleurs, et ensuite ils disent qu'ils cherchent les mystères de l'univers. Mais ils sont là, ces mystères, dans le soleil, tellement éclatants que l'on est presque aveuglé! Ah non, ils cherchent ces mystères dans les livres, on ne sait où. Pauvre humanité, quand verra-t-elle que tous les mystères sont dans le soleil!

Dans l'avenir, tous s'exerceront à atteindre cet amour, cette force, cette vibration qui domine la matière, tous ne penseront qu'à échanger des particules de lumière de la plus grande pureté. Quand deux personnes éprouvent l'une pour l'autre un amour très élevé, qu'elles s'aiment pour leur âme, pour leur esprit, quel regard elles échangent ! Il leur suffit d'un regard pour être émerveillées l'une de l'autre, un regard divin... Et même, dans l'avenir quand un homme et une femme voudront mettre un enfant au monde, ils seront simplement dans les bras l'un de l'autre, ils se regarderont comme pour se donner le Ciel, et leurs pensées seront si concentrées, leur amour si intense qu'un esprit viendra très peu de temps après s'incarner auprès d'eux : son corps sera fait des particules pures et lumineuses qu'auront émanées ensemble cet homme et cette femme. Vous êtes étonnés, mais c'est possible. Il s'agit d'un avenir lointain, mais cette évolution entre dans les projets de l'Intelligence cosmique.

IX

LA CONCEPTION DES ENFANTS

Depuis des siècles, l'Eglise ne cesse de répéter que le péché originel a imprimé en l'homme une souillure qui se transmet de génération en génération et dont rien ne pourra le laver. L'homme est conçu dans le péché, il naît dans le péché, il n'y a donc rien à faire. Eh bien moi, je ne suis pas d'accord, car c'est en soulignant et en propageant tellement cette idée que l'on empêche l'humanité de se redresser ; on diminue son espoir et son désir de sortir de cette situation. Bien sûr, il y a quand même une vérité, mais où ? Tout homme est conçu et naît dans le péché dans la mesure où ses parents lui transmettent une hérédité déjà défectueuse. A cause de leurs pensées, de leurs sentiments qui ne sont ni lumineux ni purs, ils conçoivent leurs enfants dans le péché. Mais, que depuis Adam et Eve, le péché originel doive à jamais se transmettre de génération en génération, non. Si l'homme trouve la lumière, s'il devient sage, intelligent et pur, qu'Adam et Eve aient commis un péché, cela n'a plus d'importance, tout peut être changé, transformé.

Il ne faut pas inculquer aux humains des idées qui les maintiennent toujours dans la culpabilité et l'imperfection, sans aucun espoir de se redresser un jour. On est pécheur, c'est entendu, mais on n'est pas obligé de le rester pour l'éternité ; il faut progresser. Et le progrès justement peut être réalisé si les hommes et les femmes prennent conscience de leur responsabilité dans la conception et la gestation des enfants. Puisque la création est ce que les créateurs la font, les créateurs doivent s'améliorer pour que leurs créations s'améliorent à leur tour. C'est simple, c'est logique.

Ils faut donc que les parents se décident à mettre les enfants au monde dans de meilleures conditions. Et ces conditions commencent par la conception : l'état intérieur dans lequel sont les parents au moment où ils conçoivent un enfant, c'est cela le plus important. L'aspect anatomique, physiologique compte aussi, bien sûr, mais l'essentiel, c'est l'aspect psychologique, spirituel : les forces, les radiations, les puissances produites et attirées par les pensées, les sentiments, les désirs des parents.

Voilà un domaine dont il faut s'occuper : les conditions intérieures dans lesquelles doit se faire la conception afin de déclencher les forces positives qui inviteront les entités supérieures à venir s'incarner sur la terre. Au lieu de continuer à offrir des demeures à tous les esprits malfaisants du passé qui tournent autour des humains en cherchant à se réincarner, il faut accueillir les esprits lumineux. Malheureusement, à cause de leur ignorance, il existe beaucoup plus de candidats pour accueillir les entités diaboliques qui feront le malheur de la société. On entend souvent des parents se plaindre: «Mais qu'avons-nous fait pour avoir ce démon dans notre famille?» Ça, malheureusement, ils ont fait quelque chose, ne serait-ce qu'en étant ignorants, car l'ignorance est le pire des malheurs.

Pourquoi les enfants d'une même famille peuvent-ils être si différents? Leur père et leur mère sont les mêmes, il n'y a entre eux qu'un an ou deux d'intervalle pendant lesquels les parents n'ont pas changé, et pourtant, voilà qu'il arrive qu'un enfant soit un voyou, l'autre un ange, le troisième un génie musical, le quatrième un incapable, etc... Dans combien de familles on trouve des cas de ce genre: des enfants qui ne se ressemblent pas et qui ne ressemblent pas non plus tellement à leur père ni à leur mère. Que s'est-il passé?

Si la naissance des enfants pouvait n'avoir

qu'une explication matérialiste, tous les enfants nés d'un même père et d'une même mère ne devraient pas présenter de telles différences physiques, morales et intellectuelles. Mais puisque c'est le cas, cela prouve qu'il y a d'autres explications : la nature de l'enfant dépend des éléments que les parents ont attirés par leurs pensées et leurs sentiments au moment de la conception. Connaître l'anatomie, la physiologie, cela ne suffit pas, il faut connaître les processus fluidiques, énergétiques, qui entrent en jeu pendant la conception pour comprendre qu'il y a là des forces à diriger vers un but déterminé. Quand des ingénieurs envoient une fusée dans l'espace, ils calculent sa puissance, étudient sa trajectoire ; ils n'expédient pas n'importe comment dans le ciel un objet incontrôlé qui retombera sur leur tête ou sur celle des autres. Eh bien, c'est justement ce que font les ignorants qui créent un enfant sans avoir conscience de la nature des énergies qu'ils déclenchent ; ensuite ils s'étonnent que ces énergies se retournent contre eux.

Deux êtres qui s'unissent pour avoir un enfant doivent le faire dans la lumière, c'est-à-dire avec la conscience de travailler ensemble à une entreprise grandiose, sinon ils ressemblent à des voleurs qui vont pendant la nuit s'emparer de ce qui ne leur appartient pas. Vous direz :

«Mais comment, des voleurs?» Oui, si chacun ne pense qu'à profiter de l'autre pour assouvir ses instincts (ce qui est le cas la plupart du temps), il se conduit comme un voleur. Pour ne pas se conduire comme des voleurs, l'homme et la femme doivent apprendre à ne plus s'abandonner aux instincts, et à utiliser ce facteur formidablement puissant qu'est la pensée. Car la pensée est une puissance alchimique et magique : elle est capable d'attirer les éléments et les courants bénéfiques, de repousser les courants nocifs, mais aussi de transformer le mal en bien.

Donc, ceux qui veulent qu'un esprit supérieur vienne un jour s'incarner dans leur famille doivent apprendre comment l'attirer par la pensée ; oui, par une pensée qui sera là, présente, même pendant la conception, comme un transformateur, afin que toutes les forces qu'ils sont en train de déclencher n'aillent pas purement et simplement alimenter les créatures souterraines qui leur enverront comme enfant un petit cochon ou un petit diable. Il faut au moins qu'ils soient conscients et se disent : «Par cet acte nous allons toucher des puissances formidables, terribles ; mettons au moins un transformateur, notre pensée, qui saura les canaliser, les orienter». Car seule la pensée vous permet de mobiliser instantanément les forces qui peuvent collaborer bénéfiquement à votre travail de création.

Ceux qui, dans l'acte sexuel, ne cherchent que le plaisir sont comme des voleurs, car ils ne font rien d'autre que dévaliser leur partenaire auquel ils prennent ses forces, sa vitalité. Et par cette attitude de voleur, ils attireront aussi un voleur dans leur famille, car des voleurs, on en rencontre sous toutes sortes de formes. Il n'existe pas seulement des gens qui volent de l'argent, des voitures, il y a aussi ceux qui volent les pensées, les sentiments, les inspirations dans les cœurs, les âmes et les esprits.

Bien sûr, ce n'est pas une habitude courante de donner la première place à la pensée pendant l'acte sexuel. C'est aux sensations que l'on donne la première place, et la pensée, on tâche plutôt de la supprimer, parce qu'on la considère comme l'ennemie du plaisir. Or, c'est justement à ce moment si essentiel de la conception que la pensée doit être présente, afin que l'homme et la femme soient comme des ouvriers conscients de la gravité de leur acte. Et même, avant, ils doivent prier, implorer le Ciel de leur envoyer une âme d'élite qui n'apportera que des bénédictions à la collectivité.

La fusion de l'homme et de la femme est la répétition du phénomène cosmique de la fusion de l'esprit et de la matière : l'esprit qui descend pour animer la matière, et la matière qui s'élève pour donner à l'esprit les possibilités de se fixer et de réaliser ainsi ses projets. Quand l'homme s'unit à la femme, cette fusion déclenche tout un processus en lui : son organisme travaille à extraire de l'univers une quintessence subtile qui descend le long de sa colonne vertébrale et qu'il donne à sa femme. C'est cette quintessence sur laquelle la femme travaillera ensuite pendant neuf mois pour former l'enfant.

C'est pourquoi, avant d'avoir un enfant, l'homme et la femme doivent commencer par se préparer à devenir les conducteurs des deux principes masculin et féminin qui sont en haut dans le monde divin. Pour un moment, l'homme doit s'efforcer d'incarner ce principe absolu, ce principe parfait de grandeur, d'intelligence, de puissance, de noblesse, de stabilité, qui représente le Père Céleste. Et la femme aussi doit s'efforcer de devenir l'incarnation du principe de la Mère Divine, qui est beauté, pureté, tendresse, finesse, générosité, douceur, subtilité. Au moment de la conception, l'homme et la femme qui se sont ainsi préparés consciemment vibrent à l'unisson avec ces deux Entités sublimes qui ont créé le monde, qui sont au-dessus de tout et qui contiennent tous les bonheurs, toutes les richesses, toutes les bénédictions. L'homme qui est conscient d'être devenu le conducteur du Père Céleste fertilise sa femme en pensant qu'elle est la représentante de la Mère Divine ; et la femme, consciente qu'elle est devenue la conductrice de la Mère Divine, s'efforce de donner à son mari, dans lequel elle voit le représentant du Père Céleste, la matière la plus pure pour cette création. C'est ainsi que l'enfant qui naîtra sera un enfant divin, parce qu'il aura été conçu dans un état divin.

L'humanité ne peut être transformée que par des pères et des mères intelligents, conscients, qui mettront au monde des enfants bien portants et doués des plus belles qualités. Les parents ont une responsabilité terrible. Voilà pourquoi c'est même des années à l'avance qu'ils doivent se préparer à leur futur rôle de bienfaiteurs de l'humanité.

X

LA GESTATION

Le phénomène de la galvanoplastie, je vous l'ai déjà montré, peut se retrouver dans tous les domaines de l'existence, mais il est particulièrement intéressant à étudier dans le cas de la femme enceinte.

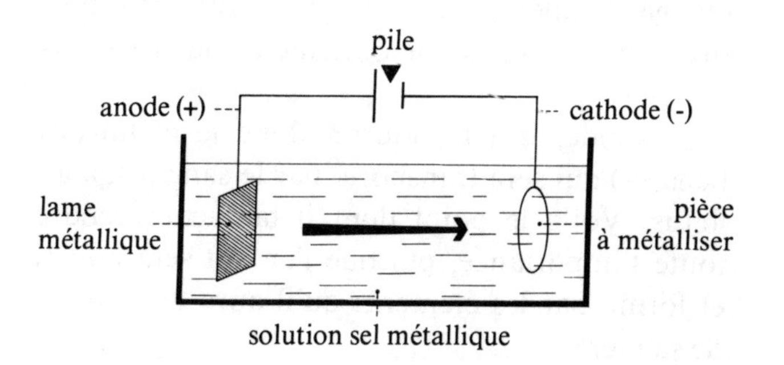

Par analogie, on peut représenter le phénomène de la gestation de la façon suivante.

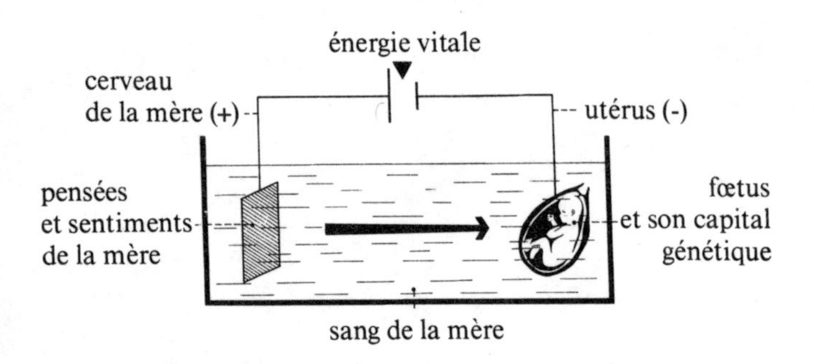

Ce schéma nous montre comment le cerveau est relié à la pile, la Source d'énergie cosmique, la vie, Dieu, dont il reçoit le courant, et ce courant circule ensuite du cerveau à l'embryon. La solution est le sang de la mère dans lequel sont plongés l'anode (le cerveau) et la cathode (l'utérus), car le sang baigne également tous les organes du corps.

L'anode, la tête, fournit donc le métal (les pensées) qui sera transporté par le sang jusqu'au fœtus. Voilà le point dont il faut comprendre toute l'importance, puisque l'enfant sera nourri et formé par les éléments qu'il aura ainsi reçus de sa mère.

Au moment de la conception, le père donne le germe ; ce germe peut être celui d'un homme ordinaire et même criminel, ou bien celui d'un être très évolué, et c'est la mère qui, par son activité psychique, peut favoriser ou au contraire entraver les manifestations des tendances contenues dans le germe.

Prenons des exemples. Supposons que le père possède de grandes qualités intellectuelles et spirituelles : il peut les transmettre à ses enfants, mais si la mère est très peu évoluée ou si, pendant la période de la gestation, elle se laisse aller à une vie désordonnée et des états de conscience inférieurs, elle s'oppose à la manifestation de toutes ces bonnes qualités. Et l'inverse est aussi vrai : une femme peut recevoir de l'homme un germe défectueux, mais si elle est évoluée, si elle sait travailler avec ses pensées et ses sentiments pendant la gestation, toutes les particules pures et lumineuses qu'elle émane vont s'opposer à la manifestation des tendances négatives. Il faut bien comprendre quelle est la fonction de l'homme et quelle est celle de la femme : en donnant le germe, le père apporte en quelque sorte le schéma, le projet de ce que sera l'enfant, et la femme, par la qualité des matériaux qu'elle apporte, a le pouvoir de réaliser ce projet ou, au contraire, de s'opposer à sa réalisation. C'est pourquoi le pouvoir de la femme est immense durant tout le temps où elle porte l'enfant.

Je sais que depuis quelque temps un grand nombre d'études ont été faites sur la vie du fœtus et sa réceptivité aux influences extérieures, c'est-à-dire aussi bien aux états émotionnels que traverse la mère qu'aux événements qui se produisent autour d'elle. Mais il y a un aspect de la question qui a échappé aux chercheurs, c'est l'importance pour la formation de l'enfant de la matière fournie par la mère, car l'enfant, pendant neuf mois, va se former à l'aide des éléments que la mère lui donne. Bien sûr, ce que la mère peut entendre ou voir autour d'elle pendant la gestation se reflète sur l'enfant, mais ce ne sont là que des empreintes superficielles ; la constitution, le tempérament de l'enfant dépendent de la qualité de la matière qu'elle lui donnera, et la qualité de cette matière dépend de sa façon de vivre. Si la matière est de l'or – symboliquement parlant – l'enfant sera sain et solide aussi bien physiquement que psychiquement, mais si la matière est du plomb, il sera maladif, vulnérable.

On peut donc dire que le rôle de la femme enceinte est double : d'une part, elle travaille sur le germe qu'elle reçoit de l'homme,favorisant le développement des caractères qu'il contient ou, au contraire, s'opposant à ce développement ; d'autre, part, c'est d'elle que dépend la matière dont l'enfant sera formé.

La plupart des femmes ne se doutent pas de l'influence de leur façon de vivre sur l'enfant qu'elles portent. Elles s'imaginent que leur enfant mène dans leur sein une existence absolument indépendante d'elles, qu'elles sont libres de mener la vie qui leur plaît, d'avoir n'importe quelle pensée ou émotion sans que cela touche le bébé. Eh bien, c'est là qu'elles se trompent. La vie psychique de la mère influence énormément l'enfant, même dans le plan physique. Dans son roman «Les affinités électives» Gœthe raconte l'histoire d'une femme qui, pendant qu'elle attendait un enfant de son mari, n'avait cessé de penser à un autre homme qu'elle aimait : la petite fille qui naquit avait les mêmes yeux que cet homme. Tant est grande la puissance de la pensée et du sentiment chez une femme enceinte! Alors, pourquoi les femmes ne se décident-elles pas à faire un travail bénéfique sur l'enfant qu'elles sont en train de porter?

L'enfant passe neuf mois dans le sein de sa mère, et ces neuf mois représentent le temps nécessaire à la formation de tout son corps. Les états intérieurs de la mère influent sur la matière des organes qui sont en train de se construire. Si pendant une certaine période elle est dépressive, mal disposée, les organes en train de se former seront d'une nature défectueuse, et l'inverse est vrai aussi, bien sûr.

Si les mères avaient l'habitude de tenir le journal de leur grossesse, elles constateraient que l'enfant va d'une façon ou d'une autre répéter durant sa vie tous les états traversés par elle au cours des neuf mois de la gestation. Mais en réalité cette répétition se fait en sens inverse, c'est-à-dire que ce que la mère a vécu au neuvième mois se manifestera dans la première période de la vie de l'enfant, ce qu'elle a vécu au huitième mois dans la deuxième période... La durée d'une vie humaine pouvant être de quatre-vingt-dix ans on compte qu'un mois de la grossesse de la mère correspond à dix ans de la vie de l'enfant. Je conseille d'ailleurs aux mères de famille qui ont eu un ou plusieurs enfants d'essayer de se souvenir des événements et des états qu'elles ont vécus pendant qu'elles les portaient, elles comprendront mieux certains traits de caractère de leurs enfants ou même certains de leurs problèmes de santé.

Une femme qui attend un enfant doit se dire : «Voilà, pendant neuf mois j'ai toutes les possibilités de faire de mon enfant un être sain, beau, intelligent, noble, plein d'amour... qui sera une bénédiction pour le monde entier. Je dois veiller à ne lui apporter par mes pensées, mes sentiments, mes désirs, mes actes que les éléments les plus purs pour contribuer à sa formation». Et qu'elle se mette au travail. Car une fois né, c'est fini, l'enfant lui échappe, elle ne peut plus rien faire. La nature de l'enfant est déjà déterminée à la naissance, et si cette nature est défectueuse, tous les éducateurs, professeurs, médecins et psychiatres n'y feront rien, ou si peu !

La véritable éducation de l'enfant commence avant sa naissance, et elle commence par l'éducation des parents, qui doivent longtemps à l'avance se préparer intérieurement par une meilleure compréhension de l'amour, pour attirer dans leur famille un esprit exceptionnel.* Ils s'efforcent de concevoir cet enfant dans la plus grande lumière et pureté, et une fois qu'il est conçu, la mère, consciente des pouvoirs que lui a donnés la nature, travaille à donner à cet esprit un corps physique et des corps psychiques faits des meilleurs matériaux. Si des milliers, des millions de parents dans le monde décidaient de faire ce travail, en trois ou quatre générations l'humanité serait réellement transformée.**

* Dans la même collection voir le livre n° 203 : «Une éducation qui commence avant la naissance», chapitre II.

** Sur ce sujet voir aussi le chapitre III du n° 203 : «Un plan pour l'avenir de l'humanité».

XI

LES ENFANTS DE NOTRE INTELLECT ET DE NOTRE CŒUR

La Genèse rapporte que Dieu dit aux premiers hommes: «Croissez, multipliez, et peuplez la terre.» On a mal vu le sens profond de ces paroles si on a compris que Dieu disait aux humains de se multiplier uniquement dans le plan physique pour envahir la terre. D'ailleurs, si on compare l'homme à certains animaux qui se reproduisent avec une extraordinaire rapidité, on est obligé de reconnaître que certaines espèces obéissent mieux que lui à ce commandement! Le record dans ce domaine revient aux poissons, mais surtout aux microbes. Alors, que faut-il en conclure? Que signifie croître et multiplier?

Il faut d'abord comprendre que la famille (grands-parents, parents, enfants) se trouve en nous. Le grand-père, c'est l'esprit et la grand-mère, c'est l'âme. Le père représente l'intellect; la mère, le cœur. Et les enfants? Ce sont les pensées que produit l'intellect, et les sentiments que produit le cœur. Et maintenant, les pensées qui sont des garçons et les sentiments qui sont des filles peuvent à leur tour mettre au monde des enfants, et ces enfants ne sont autres que les actes, parce que nos actes naissent toujours de l'union de l'intellect et du cœur. Les actes sont donc les arrière-petits-enfants! Et parmi eux, certains sont masculins et d'autres féminins, c'est-à-dire que les uns sont davantage inspirés par la pensée et les autres par le sentiment. Il ne peut y avoir d'actes, s'il n'y a pas eu tout d'abord des pensées et des sentiments. Il ne peut y avoir de pensées et de sentiments s'il n'y a pas un intellect et un cœur... pas d'intellect ni de cœur sans une âme et un esprit qui sont eux-mêmes issus d'une Ame et d'un Esprit cosmiques... Il en est ainsi jusqu'à Dieu... Vous voyez, quelle famille nous représentons!

Certains êtres portent en eux un grand-père, une grand-mère, un père et une mère, mais ceux-ci sont sans enfants, c'est-à-dire qu'il y a l'âme et l'esprit, l'intellect et le cœur, mais ils n'ont pas encore commencé à croître et multiplier, c'est-à-dire à produire des pensées et des sentiments qui, à leur tour, produisent des actes. Ces êtres-là sont mous, passifs, sans aucune activité: ils n'ont pas d'enfants. Vous attendez que leur intelligence produise de belles pensées, mais elle est stérile, et leur cœur de bons sentiments, mais il est glacé. Dans cette famille, il faut donc prier Dieu qu'Il accorde des enfants ! Parfois, c'est l'intellect seul qui produit ; tel être n'a que des pensées et pas de sentiments, il est purement intellectualisé. Sa famille ne se compose que de garçons. Un autre n'a que des filles, c'est-à-dire des sentiments, et les pensées manquent totalement. Il faut avoir à la fois des garçons et des filles, sinon l'équilibre est rompu.

Chez certains êtres la famille intérieure n'a que des garçons, des pensées, qui sont des éléments positifs, masculins. Dans cette famille, on n'entend que des discussions, des disputes. Introduisez une fille, un sentiment, et tout s'apaise, parce que l'influence féminine adoucit toute chose (bien que certaines mauvaises langues prétendent le contraire !) Je dis donc à ces êtres-là : «Dans votre famille il n'y a pas d'influence féminine suffisante, c'est pourquoi vous êtes dur, violent, cassant.» Mais il existe aussi des personnes dont la famille ne se compose que de filles ; c'est pourquoi elles sont tellement sentimentales, faibles et vulnérables. Elles possèdent de la bonté, de la douceur, mais trop de sensibilité, d'imagination et de rêve. Il faut y introduire un garçon – une pensée – afin que toutes ces filles entraînées par lui deviennent actives, décidées et audacieuses.

Dans une famille il est préférable que le premier enfant soit une fille, car si c'est nécessaire, elle peut s'occuper de ses petits frères et sœurs. Tandis que si la fille vient en second, le garçon ne sait pas s'occuper d'elle ; il la porte parfois, mais il la laisse tomber ou la tient d'une façon maladroite et la fait pleurer. La mère étant très souvent occupée ailleurs, le garçon en profite aussi pour tirer les cheveux de sa petite sœur, lui donner des coups... Regardez aussi ce qui se passe en nous. Avant que le garçon n'arrive, c'est-à-dire une pensée intelligente et sage, c'est le sentiment qui doit se manifester. L'amour est la grande sœur qui s'occupera du petit frère. Quand l'amour est déjà installé dans le cœur, toutes les pensées qui arrivent dans la tête sont protégées du froid, de la sécheresse, des dangers, et elles sont bien nourries. C'est l'amour qui nourrit. Si l'amour manque, que deviennent les pensées, les petits frères ?

Il faut donc s'occuper de donner naissance à une fille première-née, l'amour. C'est la fille la plus jolie, la plus pure, la plus belle que la mère puisse enfanter. Elle ressemble à son aïeule, l'Ame cosmique, bien plus qu'à sa mère, le cœur. Le cœur a une très lointaine origine, une longue ascendance puisque l'âme est fille de l'Ame cosmique. Ensuite peut venir la sagesse : c'est le plus beau des fils, le plus fort, le plus résistant, à qui l'Esprit cosmique puisse donner naissance à travers le père, l'intellect.

En réalité, ce père et cette mère, l'intellect et le cœur, ne sont que des gouvernants chargés de s'occuper des enfants, de leur construire une maison où ils puissent séjourner un certain temps. L'amour et la sagesse ont pour père et mère véritables l'Esprit et l'Ame cosmiques. C'est pourquoi ils ne restent pas toujours avec l'intellect et le cœur qui ne sont que des supports ou des véhicules temporaires.

Dans la vie courante, lorsque les enfants produisent des dégâts ou volent des fruits chez les voisins, on appelle les parents pour leur demander de réparer les dommages. Les voisins n'osent pas battre les enfants, ils savent qu'ils n'en ont pas le droit, c'est pourquoi ils s'adressent aux parents en réclamant des indemnités. Supposez que les parents refusent de payer : l'affaire va devant la justice. Tout se passe de la même façon en nous. Si nos pensées et nos sentiments sont mauvais, ils sont comme des enfants terribles qui commettent des dégâts. La plupart des gens ignorent que leurs pensées et leurs sentiments négatifs se promènent à l'extérieur en faisant du mal, et que les victimes, fatiguées d'être importunées, recherchent les parents pour qu'ils réparent les dommages que leurs enfants – leurs pensées et leurs sentiments – ont produits dans le plan psychique. Ils auront beau dire qu'ils ne sont pas responsables, on leur montrera qu'ils le sont.

Du moment que vous êtes le père ou la mère d'un enfant, vous êtes responsable de ses actes, vous ne devez pas le laisser sans surveillance. Il est certain que si vous ne surveillez pas les enfants, ils iront jeter des pierres contre les vitres des maisons voisines ou les lampadaires de la rue, s'amuseront à boucher une canalisation d'eau ou à mettre le feu dans une poubelle. On est vraiment étonné, parfois, de voir tout ce que l'imagination des enfants peut inventer comme bêtises ! C'est pourquoi chacun est responsable des actes de ses enfants, entendez par là : ses pensées et ses sentiments.

Souvent, lorsque des personnes viennent chez moi pour me parler de leurs difficultés intérieures, je leur réponds : «C'est que vous laissez trop de liberté à vos enfants : ils font des bêtises et vous devez payer leurs dégâts. – Mais je n'ai pas d'enfants. – Si, vous avez beaucoup d'enfants au-dedans de vous...» Une femme vient me demander l'explication de ses souffrances et je lui conseille d'arranger ses relations avec son mari. «Mais je ne suis pas mariée... – Si, vous avez un mari. Je puis vous répondre comme le Christ à la femme qui lui demandait : Seigneur, donne-moi de cette eau afin que je n'aie plus soif et que je n'aie plus à venir ici puiser de l'eau. Jésus lui dit : Va, appelle ton mari et reviens. La femme répondit : Je n'ai point de mari. Jésus reprit : Tu as raison de dire : Je n'ai pas de mari, car tu en as eu cinq, et celui que tu as maintenant n'est pas ton mari. En cela tu dis vrai. Moi aussi je vous dis : Amenez-moi votre mari, je dois le voir et constater si vous êtes en harmonie avec lui... » Ceux qui ne se trouvent pas en harmonie avec leur mari, l'intellect, ou avec leur femme, le cœur, ne peuvent recevoir de cette eau qu'ils réclament. Pour recevoir cette eau, le couple cœur et intellect doit être uni.

Tous les phénomènes de l'existence sont pour moi un livre qui me révèle les vérités, les lois de la vie intérieure. Les souffrances des êtres proviennent de ce que leurs pensées et leurs sentiments sont comme des enfants mal éduqués. Pour être heureux ils doivent devenir semblables à une famille dans laquelle les enfants beaux, sages, dotés de toutes sortes de qualités et vertus, n'apportent que des bénédictions à leurs parents et au monde entier.

Vous voyez maintenant que la parole de Dieu au premier homme et à la première femme : « Croissez et multipliez » a un sens plus profond. Elle signifie : mettez au monde des enfants avec un cœur plein d'amour et un intellect lumineux ; ainsi vous dominerez la terre et vous la couvrirez d'une génération magnifique. Lorsque des parents ont un enfant très intelligent, très capable, qui fait carrière dans la politique, la science ou l'art, son influence commence à s'étendre partout, et c'est aussi pour les parents une façon de «peupler la terre». Bien sûr, comprenez-moi bien : je ne donne pas comme idéal les familles qui ont eu de très nombreux enfants ou qui se trouvent à la tête de banques, de sociétés, de succursales, etc... mais des familles qui ont donné naissance à des artistes, des philosophes, des chercheurs, des spiritualistes, des hommes d'Etat remarquables. C'est de cette façon qu'on doit envahir le monde, croître et multiplier en donnant à l'humanité des génies et des saints !

Et même chacun de nous, s'il vit dans l'amour et la sagesse, peut envahir le monde entier d'enfants lumineux, jeter des semences partout afin d'améliorer les êtres et leur faire du bien. Oui, le moment est venu aujourd'hui où, pour équilibrer et neutraliser les forces négatives, il faut que le bien croisse et se multiplie, sinon le mal et la destruction envahiront la terre comme une mauvaise herbe qui étale partout ses ramifications.

Vous devez savoir si dans votre vie psychique vous êtes célibataire, marié, séparé ou divorcé...

Si vous tourmentez votre mari, c'est que vous n'avez pas su régler vos rapports avec votre mari intérieur... Si dans la vie extérieure vous ne vous entendez pas bien avec un membre de votre famille, vous devez commencer par vous harmoniser avec le membre de votre famille intérieure correspondant. Cette discorde avec un membre de votre famille prouve qu'en vous quelque chose n'est pas au point. Si vous ne vous entendez pas avec votre mari, c'est que quelque chose ne va pas dans votre intellect. Si vous êtes brouillé avec votre femme, c'est que quelque chose ne va pas dans votre cœur.

Ne vous y trompez pas : vous avez choisi extérieurement la femme ou le mari qui ressemble exactement à votre cœur ou à votre intellect. Changez votre intellect, votre mari extérieur se transformera. Les êtres ne cessent de se plaindre les uns des autres, et ils oublient de jeter un regard sur leur vie intérieure pour y découvrir la cause de tout ce dont ils se plaignent. Et pourtant, tous les malentendus, tous les heurts dans la société, les familles, proviennent de là : des désordres et des désharmonies que chacun laisse subsister dans sa famille intérieure.

En approfondissant cette question, nous pourrons encore découvrir une multitude de choses sur l'influence des pensées et des sentiments que nous projetons chaque jour autour de nous : les chemins qu'ils parcourent, les voyages qu'ils accomplissent avant de revenir de nouveau vers nous. Cette famille-là va tellement loin que, lorsque nous revenons sur la terre, nous construisons notre corps avec l'aide de ces petits enfants qui se sont multipliés à l'infini. Car nos pensées et nos sentiments peuvent être de véritables entités vivantes, agissantes, vêtues de corps faits d'une matière subtile, dotées de pouvoirs créateurs, et gardant des liens réels et mystérieux avec celui qui les a créés.

La plupart des gens ignorent que les pensées et les sentiments peuvent exister plus longtemps que le corps physique de celui qui les a créés, et devenir à leur tour les ouvriers, les constructeurs du nouveau corps physique de l'esprit quand il devra se réincarner. C'est la réalité : les pensées et les sentiments, bons ou mauvais, lumineux ou ténébreux, participeront avec l'esprit de la mère à la construction du nouveau corps de l'homme lors de sa prochaine incarnation. C'est pourquoi vous devez vous surveiller afin de mettre au monde les plus beaux fils et les plus belles filles : les meilleures pensées et les meilleurs sentiments. Malheureusement, la plupart des humains font tout pour tuer en eux les enfants magnifiques et donner naissance aux méchants.

C'est par l'amour et la sagesse que l'humanité sortira du vieux chemin qu'elle suit depuis si longtemps. Toutes les femmes savent que, pour avoir le meilleur enfant, il faut un père beau, intelligent et en bonne santé, et il y en a même eu qui se sont présentées chez les hommes les plus remarquables pour leur demander d'être le père de leur enfant. On peut donner aux femmes des conseils sur l'homme qu'elles doivent choisir pour être le père de leur enfant, mais moi c'est pour la vie spirituelle surtout que cette question m'intéresse : comment mettre au monde des enfants d'amour et de sagesse. Il faut pour cela se lier aux vertus de l'Esprit divin : ainsi ces enfants seront vraiment issus de l'Esprit de Dieu.

Lorsqu'un Initié contemple la Divinité, son âme est comme une femme qui veut recevoir une étincelle, un germe de Dieu Lui-même : il s'expose et se consacre à la lumière de Dieu. Il reçoit ce germe dans son âme, il le porte et met au monde un enfant divin... Oui, comme une femme, un homme peut concevoir un enfant, mais dans un monde qui n'est pas le monde physique. Quand un Initié se lie au Créateur, il change de polarité, il devient femme pour donner naissance à l'enfant amour et à l'enfant sagesse.

Il faut prier, se lier à l'Esprit cosmique pour pouvoir mettre au monde les plus beaux enfants. Si, dans le christianisme, la vierge qui se consacre au service de Dieu se prépare à épouser le Christ, c'est pour enfanter spirituellement. Malheureusement, la plupart des humains conçoivent des enfants intérieurs en se liant à d'autres pères que l'Esprit cosmique. Quand Jésus disait aux Juifs qu'ils n'étaient pas les fils d'Abraham, mais les fils du diable, il voulait dire qu'en eux le père était un habitant des ténèbres. Dans son ignorance, presque toute l'humanité met au monde des enfants nés de pères obscurs, bizarres et ténébreux... Il n'y a pas de mariage stérile, que le père soit le diable ou le Christ, chaque être humain met au monde des enfants.

Méditez sur ce peu que je viens de vous dire et mettez-le en pratique en apprenant à vous lier de plus en plus au Seigneur. Certains diront : «Mais pourquoi faut-il aimer Dieu ? Pourquoi faut-il se lier à Lui ? Ne peut-on pas vivre sans Dieu ?» Si, on peut vivre sans Dieu, mais quelle vie vivra-t-on ? Celle des microbes. Et on peut enfanter aussi, mais quels enfants ?...

L'avenir de l'humanité dépend des enfants, c'est-à-dire des pensées et des sentiments que chaque homme et chaque femme décidera de mettre au monde. Commencez donc par là : créez des enfants divins, de bons sentiments, des pensées lumineuses, en travaillant à purifier votre cœur et à éclairer votre intellect, afin qu'ils deviennent les instruments parfaits de l'âme et de l'esprit. C'est par là que commence le vrai travail pour sauver l'humanité.

XII

REDONNER À LA FEMME SA VÉRITABLE PLACE

La plupart des religieux du passé, les ascètes, les ermites ont laissé une philosophie désastreuse. Pour eux l'idéal était de vivre cachés dans les forêts ou sur les montagnes pour fuir les tentations et surtout éviter les femmes, parce qu'ils voyaient dans la femme une créature du diable. Mais alors, les pauvres, c'étaient d'autres femmes qui les poursuivaient jusque dans les grottes sous forme de visions astrales, et ils ne pouvaient pas leur échapper. Oui, les tentations de saint Antoine... Et même s'ils n'allaient pas jusqu'à se réfugier dans les déserts, pendant des siècles, la plupart des hommes, influencés par une tradition chrétienne erronée, ont considéré la femme comme une créature inférieure, faible, privée de jugement et incapable de se conduire dans la vie si l'homme n'était pas là pour la maintenir sur le droit chemin. Que les femmes aient certains défauts, c'est évident, mais qu'est-ce qui a pu faire croire aux hommes qu'ils leur étaient tellement supérieurs?

Souvent, ce sont les hommes qui ont refusé aux femmes les conditions favorables pour évoluer et montrer leurs qualités. Comment n'ont-ils pas vu leur cruauté, leur égoïsme, leur injustice envers elles, leur instinct de domination ? Ils les ont exploitées, ils ont usé et abusé d'elles, mais de cela ils n'ont pas parlé. Les femmes montreront maintenant aux hommes qu'elles peuvent les dépasser dans tous les domaines. Pendant des siècles et des siècles elles ont vécu dans le silence, dans le sacrifice, dans l'obéissance, elles se sont courbées, mais actuellement elles ont acquis les possibilités de remuer le monde entier. En étudiant les œuvres des écrivains les plus célèbres, j'ai vu que beaucoup d'entre eux s'étaient trompés sur la femme. Ils ne l'ont pas comprise et se sont laissés aller à leurs propres préjugés et élucubrations pour donner finalement une philosophie erronée. Certains pensent que se tromper au sujet de la femme n'a aucune importance, mais moi, je vous dirai que c'est très important, et que le monde entier, l'avenir de l'humanité dépendent de ce qu'on pense de la femme, que tout se développera ou périclitera d'après ce que l'homme pensera de la femme.

Dans le plan physique, quand il s'agit de créer un enfant, la femme n'est pas moins essentielle que l'homme. Rien ne peut se produire sans l'union de l'homme et de la femme ; tous deux représentent des facteurs d'égale importance. Alors, pourquoi l'homme doit-il abuser de ses prérogatives et sous-estimer la femme alors que l'importance de la femme est égale à celle de l'homme ? Sans le principe féminin, la création serait incomplète, car rien dans la nature ne peut ni vivre ni prospérer s'il manque l'un des deux principes. Même si l'homme était Dieu Lui-même, il serait incapable d'avoir un enfant sans la femme. Et les femmes, si fortes ou indépendantes soient-elles, ne peuvent avoir un enfant sans l'homme. L'homme est une puissance, car lui seul possède le germe. Et pourtant cette puissance est incapable de créer, de concrétiser, de mettre au monde un enfant s'il lui manque une chose : la matière.

Cette vérité se retrouve partout, dans le travail du boulanger, du laboureur, du sculpteur, dans les moindres occupations, mais on n'a rien vu. Quand vous mangez, vous répétez le même processus : vous mettez la nourriture dans la bouche. Celui qui met la nourriture dans la bouche, c'est l'homme ; la bouche, c'est la femme et la vie qui en résulte, c'est l'enfant. Et quand vous respirez, c'est là encore le même processus. Partout, le Créateur a inscrit ces vérités.

D'après la véritable Science ésotérique, rien n'est plus important que les principes masculin et féminin, l'homme et la femme, et le jour où tous les deux comprendront ce qu'ils représentent en réalité, la vie changera complètement, la vie sociale, la vie économique et même la vie cosmique ; et je suis absolument sûr que le Royaume de Dieu viendra alors sur la terre. Pourquoi est-ce impossible actuellement ? Parce que les hommes et les femmes ne savent pas comment se regarder, s'apprécier, se connaître, se comporter les uns envers les autres, surtout se comporter, car le comportement dépend de la façon dont les êtres pensent et envisagent les choses.

Si l'on n'accepte pas que la Sainte Trinité est faite d'un principe masculin, d'un principe féminin et d'un troisième principe – l'enfant – on ne comprendra rien ni la philosophie ni à la vie. Puisque toutes les religions disent que nous avons été créés à l'image de Dieu, on doit redonner sa véritable place au principe féminin qui est splendeur et perfection. Evidemment, ici, sur la terre, la femme est un reflet tellement lointain de la Mère Divine, de la Femme cosmique, qu'il est impossible d'en avoir une idée véritable. Il se peut même que certains aient à subir une femme quelconque, méchante, grossière ou laide, mais ce n'est pas parce que, comme Socrate, on est tombé sur une Xanthippe qu'on doit mettre toutes les autres femmes dans le même panier.

En réalité rien ne peut être plus beau, plus lumineux, plus poétique, plus parfait que la femme, mais il faut apprendre à la regarder. J'ai rencontré de soi-disant spiritualistes qui, dans l'espoir de se sauver de toutes les tentations, imaginaient la femme couverte de scrofules, de plaies dégoûtantes, et ils la voyaient dans la pire laideur. C'est très dangereux de penser ainsi, et je le leur ai dit. Celui qui nourrit de telles pensées est en train de devenir – sans le savoir – un magicien noir. Il outrage la Mère Divine. C'est la Mère Divine qui a créé toutes ces jeunes filles, toutes ces femmes, elles sont ses enfants, et celui qui les imagine mutilées et déformées travaille contre la beauté de la génération tout entière.

Chacun doit travailler pour que la beauté vienne s'incarner sur la terre et je suis peut-être le seul qui ne condamne pas la coquetterie des femmes et leur désir de s'embellir. La femme doit aimer la beauté, elle doit la maintenir et travailler pour la transmettre à ses enfants, car si elle se laisse aller comme l'homme, que cette question n'intéresse pas, toutes les générations à venir seront d'une laideur épouvantable. C'est la femme qui, en voulant être belle, maintient encore la beauté dans le monde. La question est seulement de savoir l'usage qu'elles veulent faire de cette beauté. Au lieu de s'en servir pour séduire les hommes en se disant : «Ah, je suis jolie, je suis attirante, je vais en profiter...» et satisfaire ainsi leur vanité, elles doivent s'engager dans un travail de régénération de l'humanité.

Malheureusement ou heureusement, la nature a donné beaucoup de pouvoirs à la femme, c'est indubitable. Mais comment elle use de ses pouvoirs, tout est là. Trop souvent, elle s'amuse à en faire l'essai sur l'homme, et comme il est bien plus faible qu'elle dans ce domaine, elle n'a aucune peine à réussir. Quand elle sent qu'elle possède des charmes auxquels les hommes peuvent difficilement résister, au lieu d'utiliser tous ces pouvoirs pour les inspirer, leur montrer le chemin, les rendre plus honnêtes, plus nobles, elle en profite pour les faire tomber. Même les saints, même les prophètes, même les Initiés, elle serait tellement heureuse de les voir pris dans ses filets ! Pas par méchanceté, non, mais elle a besoin de voir jusqu'où s'étend son royaume. Elle est fière de sentir que dans les rues ou dans les théâtres, tout le monde se retourne sur elle. Et voilà que la beauté n'a pas été donnée à la femme pour satisfaire les appétits sensuels des hommes, mais pour les aider à s'élever. La beauté, comme d'ailleurs tous les autres dons et qualités, est faite pour servir les projets du Ciel.

Pendant des siècles l'homme a abusé de son autorité sur la femme ; il s'est montré égoïste, injuste, violent, cruel, et maintenant, bien sûr, la femme s'éveille. Mais elle ne s'éveille pas dans la lumière, elle s'éveille pour prendre sa revanche, ce qui n'est pas mieux, même pour elle. Il faut au contraire que la femme pardonne à l'homme ; puisqu'elle est la mère de l'homme, puisqu'elle a plus d'amour que lui, puisque sa nature la porte à être bonne, indulgente, généreuse, prête à se sacrifier, il ne faut pas qu'elle cherche à se venger. La femme doit s'éveiller maintenant à des vertus plus grandes, s'élever au-dessus de ses intérêts personnels.

Toutes les femmes de la terre doivent s'unir pour un travail de construction sur les hommes et sur les enfants qu'elles mettent au monde. Pour le moment elles ne sont pas unies ; chacune, occupée d'arranger ses propres affaires, concentre toute son attention à mettre ses charmes en valeur pour trouver un mari, puis des amants. Elles s'occupent de suivre des régimes ou des traitements pour embellir leur ligne. Peut-être en effet leur ligne est-elle embellie, elles ont des formes magnifiques, mais à quoi bon si à l'intérieur de ces formes, il n'y a rien, le vide, la mort !...

Les femmes ne savent pas qu'elles ont un travail à faire pour tout purifier et vivifier en elles, leur pensée est toujours à côté du vrai but. Elles vont dans les instituts de beauté, elles emploient des pommades ou je ne sais quoi pour embellir leur poitrine. Et pour qui tout cela? Mais pour leurs amants, bien sûr! Et ensuite quand elles se seront bien amusées avec une quantité d'hommes qui auront laissé sur leur poitrine les traces de leur sensualité, de leur avidité, elles auront un enfant, et avec le lait de sa mère cet enfant absorbera toutes ces influences malsaines enregistrées déjà depuis longtemps. Où sont les femmes qui pensent à préparer divinement leur poitrine pour éduquer leur enfant au moment où elles l'allaiteront? Car, je vous l'ai déjà dit, à cet âge-là c'est subconsciemment que le bébé reçoit sa première éducation par l'influence maternelle.*

Que de choses je peux vous expliquer! Mais vous êtes tellement déformés par les façons de penser de la foule que non seulement vous ne me comprendrez pas, mais vous serez scandalisés. Alors, pour que mes paroles «dévergondées» ne scandalisent pas les cœurs purs que vous êtes, je n'en dirai pas plus. Mais que toutes les futures mères sachent que si elles laissent les hommes déposer sur elles des couches fluidiques d'impu-

* Voir dans la collection Izvor: «Une éducation qui commence avant la naissance», chapitre IV.

retés, cela ne se reflétera pas bénéfiquement sur leurs enfants.

La femme est l'éducatrice de l'homme ; par ses pensées, ses regards, son attitude, elle est capable de l'entraîner à accomplir les actes les plus nobles. L'homme ne demande qu'à être soulevé, inspiré par la femme, c'est pourquoi tant que les femmes n'ont pas cet idéal dans la tête, et ne pensent qu'à s'abandonner au premier venu pour satisfaire leurs désirs et leurs plaisirs, elles resteront à côté de leur véritable vocation. La femme a pour vocation d'être l'éducatrice de l'homme. Vous direz : «Mais elle est tellement plus faible et délicate que lui ! Comment peut-elle s'opposer à lui ?» Il n'est pas nécessaire qu'elle s'oppose à lui, il suffit qu'elle pense à l'inspirer et à l'entraîner dans la meilleure direction. Et puis, comme je vous l'ai dit, elle peut aussi l'éduquer d'une autre façon : en éduquant ses fils ; et ceux-ci, toute leur vie, respecteront les femmes à cause de leur mère. Oui, par l'influence quotidienne qu'elles peuvent avoir sur leurs très jeunes fils, les mères sont capables de créer des caractères droits, nobles, généreux, des saints, des héros.

Si je parle ainsi, c'est que je sais par expérience l'influence que peut avoir une mère sur ses enfants. La mienne, par exemple, a laissé en moi des empreintes qui ne s'effaceront jamais.

Elle était d'une activité infatigable, toujours prête à rendre service aux autres, à les encourager, les consoler. Elle avait eu de grandes épreuves, mais jamais elle ne se plaignait devant les autres. Quand il lui arrivait de pleurer, elle faisait toujours en sorte qu'on ne la voie pas. Moi, je l'ai vue pleurer, et elle ne savait pas que je la voyais. Et si à ce moment-là une voisine, par exemple, venait lui parler de ses propres difficultés, elle essuyait rapidement sur son visage les marques de son chagrin, l'écoutait patiemment exposer une situation qui était souvent beaucoup moins pénible que la sienne et réussissait par ses bonnes paroles à lui redonner courage et confiance.

A cette époque, j'avais sept ans, huit ans, je faisais évidemment des bêtises comme tous les enfants de mon âge... Et pour m'assagir, voilà ce qu'elle faisait. Elle ne criait pas, elle ne me frappait jamais, mais elle m'expliquait ce qui arriverait si j'agissais bien et ce qui arriverait si j'agissais mal, en me disant : «Maintenant que tu sais ce qui t'attend, choisis ! » Puis elle terminait toujours en répétant cette phrase : *«Krivdina do pladnina, pravdina do veknina»*. Ce qui signifie : ce qui est tortueux dure jusqu'à demain midi, ce qui est droit dure pour l'éternité.

En apparence, je ne voulais pas céder parce que j'étais quand même un peu orgueilleux, mais intérieurement j'étais ébranlé. Je n'ai jamais pu oublier comment elle me parlait, sans colère, en me présentant seulement les conséquences de ma conduite : «Si tu fais ceci, voilà le résultat. Si tu fais cela, un autre résultat. Choisis...» Pour terminer toujours par cette phrase : *«Krivdina do pladnina, pravdina do veknina»*. Oui, la malhonnêteté, les tricheries, les mensonges, cela ne dure pas longtemps, tandis que ce qui est juste et noble reste pour l'éternité. Ensuite, bien sûr, j'ai vérifié combien c'est vrai, et tout ce que je vous dis maintenant est basé sur cette certitude que seuls le bien et la beauté sont éternels. Voilà donc ce que les mères doivent apprendre à leurs enfants : que travailler pour le bien et la beauté, c'est travailler pour l'éternité.

XIII

LE ROYAUME DE DIEU,
ENFANT DE LA FEMME COSMIQUE

Toutes les femmes ne demandent qu'une chose : avoir des enfants, si ce n'est pas dans le plan physique, au moins dans le plan spirituel. Pas une femme n'échappe à ce besoin. C'est la nature de la femme de vouloir être fertilisée – physiquement ou spirituellement – par l'homme afin de mettre des enfants au monde. «Parce qu'un homme peut fertiliser spirituellement une femme ?» direz-vous. Oui, et si cela reste inaccessible à la plus grande majorité d'entre eux, c'est qu'ils ne sont pas allés jusqu'à la véritable spiritualité. Seuls les véritables Initiés peuvent le faire. Vous direz : «Mais après, il y a un enfant ?» Bien sûr, et c'est cet enfant qui soutiendra toujours sa mère, qui la guidera, l'éclairera, l'instruira, la protégera. On pense en général que c'est la mère qui protège l'enfant. Oui, dans le plan physique, c'est vrai, mais dans le plan spirituel, c'est l'enfant qui protège la mère.

Un Maître, un vrai Maître peut fertiliser toutes les femmes sur la terre, même sans les voir ni les connaître. Il peut les fertiliser à condition qu'elles acceptent une idée seulement, son idée, car c'est cela le germe : une idée. Vous vous demandez comment toutes les femmes peuvent être fertilisées par un seul germe. Ici, dans le plan physique, ce n'est pas possible, mais dans le plan spirituel, oui : un Initié lance cette idée du Royaume de Dieu, de l'Age d'Or... et toutes les femmes sur la terre sont fertilisées en acceptant cette idée.

Un jour j'ai reçu la visite d'un homme qui passait pour un grand spiritualiste et quand, au cours de la conversation, je lui ai dit que le salut de l'humanité viendrait des femmes, car ce sont elles qui tiennent les clés de la réalisation, il était stupéfait, indigné même. D'après lui c'était l'homme qui avait toutes les possibilités d'agir dans le monde. Alors je lui ai dit : «Mais pourquoi est-ce la femme qui est chargée de mettre les enfants au monde ? Bien sûr, l'homme donne le germe, mais pour que ce germe croisse et se développe jusqu'à devenir un enfant parfaitement formé, il faut une femme. Dans le plan spirituel, c'est exactement le même phénomène. Pour réaliser le Royaume de Dieu sur la terre il faut s'adresser aux femmes. Si quelqu'un est capable de leur donner le germe, de les fertiliser par la pensée, divinement, idéalement, comme le soleil fertilise la terre, c'est elles qui feront venir le Royaume de Dieu.»

Dieu a donné de grands pouvoirs à l'homme et à la femme, mais ces pouvoirs sont différents. Ce que la femme peut faire, l'homme ne le peut pas, et ce que l'homme peut faire, la femme ne le peut pas. La femme fournit la matière et l'homme fournit l'esprit, c'est-à-dire la vie. Tout le monde sait cela dans le plan physique, mais dans le plan divin on passe à côté de ces grands mystères. Désormais, toutes les femmes doivent s'unir pour former ensemble une Femme collective qui donnera naissance à la nouvelle vie dans l'humanité. Sans cette matière, l'esprit divin ne peut s'incarner. On connaît ce phénomène dans les séances spirites où le médium doit fournir une partie de sa propre matière, de ses émanations, aux esprits qui veulent se manifester. Les esprits prennent cette matière dont ils s'enveloppent pour devenir visibles, tangibles, et c'est alors qu'ils peuvent agir puissamment dans la matière, déplacer les objets ou même les détruire.

Il est dans la nature de la femme d'émaner des particules très subtiles, une matière impalpable, et cette matière peut recevoir la forme qu'un esprit sublime lui donnera. Et comme toutes les femmes de l'humanité représentent collectivement une unité, de même qu'en haut il n'existe qu'une Femme, de même ici, sur la terre, il n'en existe qu'une seule. Si cette Femme collective décide de consacrer une partie de la matière subtile qu'elle émane pour former un enfant que lui donnera un être parfait, cet enfant sera le Royaume de Dieu. Je ne parle pas ici du plan physique. C'est dans le plan psychique que toutes les femmes doivent s'unir pour devenir la mère de cet enfant, la mère qu'un homme fertilisera par une idée sublime. Ce que je vous révèle là est très subtil, très pur, divin. Cette Femme collective mettra au monde un enfant qui sera le Royaume de Dieu.

Vous ne me croyez peut-être pas, mais c'est la vérité, la pure vérité. Voilà pourquoi je dirai que beaucoup de ceux qui parlent des femmes sont des ignorants, surtout quand on compare la profondeur, la grandeur et l'immensité de ce que je viens de vous révéler avec toutes les élucubrations et les idioties que l'on a propagées sur elles depuis des siècles à cause de petites rancunes personnelles. Combien de spiritualistes ont méprisé la femme, sans savoir que c'est à cause de ce mépris qu'ils ne pouvaient pas réaliser le Royaume de Dieu ! Le Royaume de Dieu ne peut être réalisé que par les femmes, parce que c'est la femme qui doit fournir la matière pour qu'il prenne corps ; ce sont les femmes qui donneront tous les matériaux nécessaires. La seule philosophie qui, un jour, résistera à tout, qui durera pour l'éternité, est cette philosophie que je vous apporte et qui n'est pas ma philosophie mais celle de beaucoup d'êtres avant moi.

Un sage très célèbre de l'Ancien Testament, qui était aussi un roi, Salomon, possédait ces connaissances sur les pouvoirs de la femme. La Bible raconte que Salomon eut 700 femmes et 300 concubines, et en général, on ne sait pas ce qu'il faisait avec toutes ces femmes, on s'imagine que c'était pour son plaisir et qu'il vivait avec elles dans la pire débauche. En réalité, Salomon était un grand sage, un magicien qui pouvait se faire obéir des esprits du monde invisible. Comment aurait-il pu posséder ces pouvoirs s'il avait vécu dans la débauche? Justement, c'est qu'il avait de tout autres rapports avec ces femmes. Vous ne savez pas encore quel peut être le rôle de la femme auprès d'un homme qui est éclairé, illuminé et qui pratique une magie vraiment divine. Plus tard, bien sûr, Salomon a succombé, parce qu'il n'a pas pu résister à toutes ces forces qu'il avait déclenchées, et les maîtriser. Mais à l'apogée de son règne il possédait une telle puissance matérielle et spirituelle qu'il fit construire ce temple de Jérusalem si fameux, rendit des jugements d'une sagesse étonnante et étendit sa renommée dans le monde entier.

Evidemment, le règne de Salomon n'avait pas encore cette splendeur spirituelle pour laquelle travaillent les plus grands Initiés ; c'est pourquoi Salomon n'est pas aux yeux des Initiés dans la catégorie la plus élevée, parce qu'il travaillait trop pour lui-même, pour sa propre gloire, sa propre renommée, et sa magie n'était pas encore la théurgie. Il y a magie et magie, et très peu de mages sont arrivés à ce degré supérieur où l'on n'a même plus d'intérêt pour la magie elle-même, où l'on cesse de commander aux esprits, aux élémentaux à seule fin de réaliser des ambitions personnelles. Les vrais mages, les plus grands qui aient existé, ne s'occupaient plus de tout cela ; ils travaillaient uniquement pour le Royaume de Dieu, ils employaient toutes leurs forces, leurs énergies, leurs connaissances pour la réalisation du Royaume de Dieu. C'étaient des théurges, c'est-à-dire des êtres qui pratiquaient la magie sublime, la magie divine ; leur travail était absolument désintéressé. Bien sûr, pour arriver à ce degré d'élévation ils étaient d'une abnégation et d'une pureté exceptionnelles, ils ne cherchaient ni la gloire ni le plaisir, ils désiraient seulement transformer la terre pour que Dieu vienne habiter parmi les humains.

Salomon n'a pas pu s'élever jusqu'à ce degré, mais il possédait de grandes connaissances, et en particulier il savait que les femmes sont capables de fournir la substance première, la matière avec laquelle le principe divin peut créer des formes. Le principe divin produit les germes, les étincelles, le feu, la puissance, mais ce sont des essences si subtiles qu'elles vont se perdre dans l'infini si on ne les fixe pas. Pour obtenir des formes solides, stables, réelles, tangibles dans le plan physique, il faut que le principe féminin accorde sa participation. C'est pourquoi seule la femme, par les émanations fluidiques qui s'échappent d'elle, est capable de donner la substance première qui peut réaliser les projets, les idées, les objectifs divins du théurge. Et le théurge se sert de toutes les émanations que les femmes envoient inconsciemment dans l'espace ; grâce à elles, il peut réaliser ses sublimes projets en vue du Royaume de Dieu. Donc, sans les femmes, impossible de réaliser le Royaume de Dieu !

Salomon pratiquait ses opérations magiques grâce à la matière émanée par les nombreuses femmes dont il s'entourait, et il réussissait, bien sûr, mais ce n'était pas encore la magie divine, car la magie divine est basée sur la sagesse. La théurgie et la sagesse sont une seule et même chose jusqu'à laquelle très peu d'êtres dans l'histoire se sont élevés. La majorité se sont servis de ces connaissances sacrées pour pratiquer la magie sexuelle afin d'obtenir l'argent, la gloire, les plaisirs. Or, toute pratique qui sert à satisfaire la nature inférieure est de la magie noire. Beaucoup d'occultistes renommés en sont restés là, comme A. Crowley et B. Randolph, l'auteur de «Magia sexualis» contre l'influence duquel lutta H. Blavatsky.

La magie sublime consiste à savoir tout utiliser, tout, absolument tout, pour le Royaume de Dieu : utiliser l'eau, utiliser la terre, l'air, les plantes, les rivières, les rochers, utiliser même tout ce que les hommes et les femmes émanent, ces énergies inouïes qui jaillissent à travers l'espace sans que personne ne sache les employer. Ou alors, si certains les utilisent, c'est pour des réalisations personnelles, comme l'a fait Salomon. Et comme les mobiles personnels, intéressés, je vous l'ai souvent dit, touchent les forces de l'Enfer, certains esprits infernaux venaient auprès de lui s'alimenter ; il avait beau essayer de les chasser, ils revenaient, et à la fin, ne pouvant plus résister, il a succombé.

Donc, voilà, laissons Salomon si vous voulez, et revenons à l'essentiel. L'essentiel, c'est que les femmes comprennent que si elles acceptent de consacrer toute cette matière subtile qui émane d'elles, de consacrer tout leur être, toute leur existence au principe divin en haut, les anges, les archanges et les esprits lumineux les plus élevés se serviront de cette matière vraiment unique, précieuse, pour préparer les formes de la nouvelle vie. Au lieu de toujours servir les humains, les femmes doivent se décider à servir la Divinité. Voilà l'idéal que je leur propose. Combien d'entre elles arriveront à le réaliser, je ne sais pas, mais moi, je suis là pour les y inviter.

La puissance de la femme est immense, car elle possède un magnétisme spécial sous forme de petites particules subtiles qui s'échappent d'elle. Ce n'est donc pas tellement dans le plan physique qu'elle a le plus de pouvoir, mais dans le domaine des émanations. Si l'on a présenté la femme comme une magicienne, une fée, c'est à cause de ces émanations que lui a données la nature et avec lesquelles elle est même capable de former des corps de nature éthérique. Voilà pourquoi si un grand Maître, un Sauveur du monde leur donne le germe, l'idée, les femmes pourront, grâce à leurs émanations, construire le corps de cet enfant : le Royaume de Dieu sur la terre. On ne croit pas que ce soit possible, et pourtant si, la femme possède des particules qui lui permettent de former d'autres corps que celui des enfants qu'elle peut porter dans son sein. Si on ne voit pas encore de telles réalisations, c'est parce que les femmes ont d'autres choses dans la tête : leur idéal est encore trop limité.

Quand les femmes décideront de se consacrer au Ciel pour que toute cette matière merveilleuse qu'elles possèdent puisse être utilisée dans un but divin, sur toute la surface de la terre on verra s'allumer des foyers de lumière, et le monde entier parlera le langage de la nouvelle culture, le langage de la nouvelle vie, le langage de l'amour divin. Qu'attendent-elles pour se décider? Elles se destinent toujours à des occupations trop basses, trop ordinaires. Dès leur enfance elles se préparent à se caser quelque part et à élever leur marmaille. C'est elles qui se fabriquent d'avance une destinée médiocre, et ensuite elles se plaignent: «Quelle vie!» Mais c'est leur faute, pourquoi n'avaient-elles pas un idéal plus élevé? Toute leur destinée aurait été changée.

Donc, désormais que toutes les femmes sur la terre, qu'elles soient mariées ou non, mères de famille ou non, deviennent conscientes de leurs possibilités et décident de contribuer de tout leur être, grâce à leurs émanations subtiles, à la formation d'un nouveau corps collectif, le Royaume de Dieu sur la terre. Qu'elles essaient de voir les choses autrement et elles comprendront que leur état sera amélioré par cet élargissement de leur conscience.

Quand les femmes commenceront à faire ce travail, elles obtiendront la vraie beauté. En général quand une femme attend un enfant, il est rare qu'elle soit vraiment embellie, elle a les traits tirés parce que cet enfant en elle lui prend des énergies. Mais quand les femmes seront fertilisées par cette idée de l'Age d'Or, elles deviendront belles, rayonnantes, car cet enfant spirituel leur apportera sa jeunesse et sa beauté. Toutes les femmes ont donc intérêt à nourrir en elles cette idée de la réalisation du Royaume de Dieu, car c'est cette idée qui les vivifiera et les embellira.

Je vous présente aujourd'hui un des plus grands arcanes de la Science initiatique. Tous ceux qui ont méprisé la femme, qui n'ont pas compris l'importance de son rôle et n'ont pas travaillé avec elle n'ont rien pu réaliser, parce que c'est grâce à la femme que les idées les plus sublimes ont la possibilité de s'incarner.

TABLE DES MATIÈRES

Du même auteur:

Collection Izvor

201 – VERS UNE CIVILISATION SOLAIRE

Si nous connaissons la réalité astronomique de l'héliocentrisme, nous n'en avons pas encore tiré toutes les conséquences dans les domaines biologique, psychologique, culturel, spirituel. A l'heure où l'homme cherche à capter d'une manière plus directe l'énergie solaire, pourquoi n'essaie-t-il pas de découvrir en lui-même dans sa vie psychique et, par extension, dans sa vie sociale, la trace solaire trop longtemps enfouie? Le soleil est présent en chacun de nous, et il peut donc s'y manifester au point d'étendre notre conscience à une vision planétaire des problèmes humains.

202 – L'HOMME A LA CONQUÊTE DE SA DESTINÉE

Pourquoi naît-on dans tel pays et dans telle famille? Pourquoi est-on en bonne santé, intelligent, riche, puissant et glorieux, ou au contraire handicapé et limité? Quels sont l'origine et le sens des liens que l'on est amené à nouer, souvent presque à son insu, avec d'autres êtres?... Même l'homme qui se croit le plus libre subit sa destinée parce qu'il ignore les lois qui la régissent. En révélant ces lois à ses disciples, un Maître non seulement les aide à démêler les fils embrouillés de leur existence, mais leur donne toutes les possibilités de devenir eux-mêmes les maîtres de leur destin.

203 – UNE ÉDUCATION QUI COMMENCE AVANT LA NAISSANCE

Une éducation qui commence avant la naissance... Oui, parce que la véritable éducation de l'enfant est avant tout une éducation subconsciente. L'enfant n'est pas un petit animal qu'il suffit de commencer à dresser quand on estime qu'il en a l'âge. C'est une âme sur laquelle la mère, qui le porte encore en elle, peut agir favorablement par ses pensées, ses sentiments et son comportement harmonieux. Cette influence, qui est en quelque sorte d'essence magique, doit continuer à s'exercer sur le bébé, dont il faut que les parents sachent à quel point il est sensible à l'atmosphère qui l'entoure. Enfin, c'est par leur exemple que parents et pédagogues doivent poursuivre leur tâche d'éducateurs car l'enfant est beaucoup plus profondément marqué par la façon d'être et d'agir de ceux qui s'occupent de lui que par les conseils et leçons qu'ils peuvent épisodiquement lui prodiguer. Cette éducation subconsciente de l'enfant exige donc la plus haute conscience de la part des éducateurs.

204 – LE YOGA DE LA NUTRITION

Cet ouvrage n'est pas un manuel de diététique. Il n'y est nulle part question de régime, car pour le Maître Omraam Mikhaël Aïvanhov l'essentiel n'est pas tellement de savoir quoi ou combien manger, mais comment manger, comment considérer la nourriture.

Le lecteur sera peut-être surpris de l'originalité d'une pensée qui tente par tous les moyens d'arracher l'acte de manger à sa banalité quotidienne jusqu'à lui rendre la signification mystique qu'il a pu atteindre dans la Sainte-Cène. Même celui qui se sent étranger à cet aspect spirituel comprendra que, par sa façon de considérer la nourriture, il peut pénétrer plus profondément le mystère des rapports entre l'homme et la nature, puisque c'est la nature qui donne sa nourriture à l'homme, mais que l'homme par sa pensée et ses sentiments peut puiser dans cette nourriture des éléments plus subtils qui contribueront à l'épanouissement de tout son être.

205 – LA FORCE SEXUELLE OU LE DRAGON AILÉ

Animal fantastique commun à toutes les mythologies et présent jusque dans l'iconographie chrétienne, le dragon n'a pourtant rien d'une lointaine fiction : il est le symbole des forces instinctives de l'être humain. Et toute l'aventure de la vie spirituelle consiste à dompter, apprivoiser et orienter ces forces pour les utiliser comme moyens de propulsion vers les hautes cimes de l'esprit. Car si ce monstre à queue de serpent et qui crache des flammes possède aussi des ailes, c'est bien la preuve que les forces qu'il incarne ont une destination spirituelle. «La force sexuelle est une énergie que l'on peut comparer au pétrole, dit le Maître Omraam Mikhäel Aïvanhov, les ignorants et les maladroits sont brûlés – cette force brûle leur quintessence – tandis que ceux qui savent l'utiliser, les Initiés, volent dans l'espace.» Tel est le sens du Dragon ailé.

206 – LA FRATERNITÉ BLANCHE UNIVERSELLE N'EST PAS UNE SECTE

Les passions soulevées dans l'opinion publique par la question des sectes ne font que masquer les problèmes réels de notre société. On s'indigne contre des minorités qui décident de vivre un engagement spirituel en marge des Eglises établies, mais on admet, et on favorise même, la fragmentation dans tous les autres domaines. En effet la vie intellectuelle, politique, sociale, économique n'offre qu'une mosaïque de partis, de formations, de groupements, donc de «sectes» occupées à faire triompher chacune des théories et des intérêts particuliers incompatibles avec ceux des autres. Le concept de secte doit désormais se définir non par rapport à la notion d'Eglise officielle, mais par rapport à la notion d'universalité dans tous les domaines. Et si la Fraternité Blanche Universelle n'est pas une secte, c'est justement parce que son enseignement qui s'adresse à tous les hommes de toutes les races et de toutes les religions et qui embrasse la totalité des activités humaines, a pour but de développer chez ses membres la conscience de l'universalité.

207 – QU'EST-CE QU'UN MAÎTRE SPIRITUEL?

«Pour un disciple, rencontrer son Maître, c'est trouver une mère qui accepte de le porter neuf mois dans son sein pour le faire naître au monde spirituel. Et une fois qu'il est né, c'est-à-dire éveillé, ses yeux découvrent la beauté de la création, ses oreilles entendent la parole divine, sa bouche goûte des nourritures célestes, ses pieds le portent dans les différents lieux de l'espace pour faire le bien, et ses mains apprennent à créer dans le monde subtil de l'âme.»

Omraam Mikhaël Aïvanhov

208 – L'ÉGRÉGORE DE LA COLOMBE OU LE RÈGNE DE LA PAIX

Toutes les démarches officielles que l'on voit entreprendre en faveur de la paix semblent supposer qu'elle est un état de fait que l'on peut imposer aux hommes de l'extérieur : création d'organismes à but pacifiste, renforcement des moyens de sécurité, mise à l'écart ou suppression pure et simple des fauteurs de troubles... Mais quelle paix peut-on espérer établir tant que l'être humain continue à nourrir en lui ces germes de tous les conflits politiques, sociaux et économiques que sont ses désirs de possession et de domination mal maîtrisés ? Une meilleure connaissance de ce qu'est véritablement la paix et des conditions de sa réalisation s'impose désormais. Aussi longtemps que l'homme ne se décidera pas à intervenir dans le champ de bataille de ses pensées et sentiments désordonnés, il ne pourra construire autour de lui une paix durable.

209 – NOËL ET PÂQUES DANS LA TRADITION INTIATIQUE

Les fêtes de Noël et Pâques, annuellement célébrées dans toute la chrétienté pour commémorer la naissance et la résurrection de Jésus, s'inscrivent dans une longue tradition initiatique bien antérieure à l'ère chrétienne. Leur place dans le cycle de l'année – solstice d'hiver et équinoxe de printemps – qui fait apparaître leur signification cosmique, nous enseigne que l'homme, par son appartenance au cosmos, participe intimement aux processus de gestation et d'éclosion qui se déroulent dans la nature. Noël et Pâques, la deuxième naissance et la résurrection, sont en réalité deux façons différentes de présenter la régénération de l'homme, son entrée dans le monde spirituel.

210 – L'ARBRE DE LA CONNAISSANCE DU BIEN ET DU MAL

L'existence du mal dans un univers créé par un Dieu parfait est une énigme sur laquelle philosophies et religions n'ont jamais cessé de se pencher. Tout en reprenant pour l'essentiel la tradition judéo-chrétienne, le Maître Omraam Mikhaël Aïvanhov insiste avant tout sur le fait que les véritables réponses à la question du mal ne sont pas des explications mais des méthodes. Quelle que soit en effet son origine, le mal est une réalité intérieure et extérieure à laquelle nous sommes quotidiennement confrontés et sur laquelle nous devons apprendre à agir. Il est inutile et même dangereux de vouloir combattre le mal, car la lutte est par trop inégale, mais il faut connaître les méthodes qui permettent de le maîtriser et de le transformer.

211 – LA LIBERTÉ, VICTOIRE DE L'ESPRIT

Le formidable enjeu politique qu'est devenue la liberté nous fait peu à peu perdre de vue les véritables termes dans lesquels elle se pose à l'homme. Ce sont ces termes, ceux des rapports de l'esprit et de la matière, que le Maître Omraam Mikhaël Aïvanhov tente de rétablir quand il dit : «Toutes les créatures ne peuvent subsister sans un certain nombre d'éléments qu'elles reçoivent de l'extérieur. Seul le Créateur échappe à cette loi, Il n'a besoin de rien d'extérieur à Lui. Mais comme Il a laissé dans toutes les créatures humaines une étincelle, un esprit qui est de la même nature que Lui, chacune peut grâce à l'esprit créer ce dont elle a besoin... L'Enseignement que je vous apporte est celui de l'esprit, du Créateur, et non celui de la matière, de la création. C'est pourquoi je vous dis : entrez dans le domaine de l'esprit qui crée, qui modèle, qui façonne, et vous échapperez de plus en plus à l'emprise du monde extérieur, vous serez libres ! »

212 – LA LUMIÈRE, ESPRIT VIVANT

Substance vivante de l'univers avec laquelle la tradition rapporte que Dieu a créé le monde et, depuis quelques années, formidable moyen d'exploration et d'action grâce à la mise au point du laser, la lumière nous offre un champ de possibilités infinies tant dans le domaine matériel que spirituel. Ce sont les possibilités spirituelles de la lumière qu'Omraam Mikhaël Aïvanhov nous invite ici à découvrir : la lumière qui est protection, nourriture, instrument de connaissance de l'homme, de la nature et de Dieu, mais surtout seul moyen véritablement efficace pour nous transformer et transformer le monde.

213 – NATURE HUMAINE ET NATURE DIVINE

Combien de fois pour justifier certaines faiblesses on entend dire : «C'est humain» ! Et en réalité, si l'on y réfléchit bien, «c'est humain» signifie tout simplement : c'est animal. Alors, comment peut-on définir la nature humaine ?

L'homme est cet être ambigu que l'évolution a placé aux frontières du monde animal et du monde divin. Sa nature est donc double, et c'est de cette ambivalence qu'il importe de prendre conscience pour la surmonter. S'il est dit dans les textes sacrés : «Vous êtes des dieux», c'est bien pour rappeler à l'homme la présence enfouie en lui d'une essence supérieure qu'il doit apprendre à manifester. C'est là le véritable sens de notre destinée, nous dit le Maître Omraam Mikhaël Aïvanhov, et c'est pourquoi il revient inlassablement sur cette question, en nous donnant les moyens de faire apparaître ces dieux que nous sommes et que nous ne connaissons encore pas.

Oeuvres Complètes d'Omraam Mikhaël Aïvanhov

TABLES DES MATIÈRES

TOME I : **LA DEUXIÈME NAISSANCE**

La deuxième naissance – «Demandez et l'on vous donnera. Cherchez et vous trouverez. Frappez et l'on vous ouvrira» – La vérité cachée dans les yeux – La sagesse cachée dans les oreilles – L'amour caché dans la bouche – Amour, sagesse, vérité (la bouche, les oreilles, les yeux) – Le Maître de la Fraternité Blanche Universelle en Bulgarie : Peter Deunov – La chaîne vivante de la Fraternité Blanche Universelle.

TOME II : **L'ALCHIMIE SPIRITUELLE**

Douceur et humilité – «Si vous ne mourez pas, vous ne vivrez pas» – Échanges vivants et conscients – L'économe infidèle – «Amassez des trésors...» – Le miracle des deux poissons et des cinq pains – Les pieds et le plexus solaire – La parabole de l'ivraie et du froment – L'alchimie spirituelle – La galvanoplastie spirituelle – Le rôle de la mère pendant la gestation.

TOME III : **LES DEUX ARBRES DU PARADIS**

Les systèmes théocentrique, biocentrique et égocentrique – Les deux premiers commandements – Ce que révèle le visage humain – La puissance magique des gestes et du regard – «Marchez pendant que vous avez la lumière !» – Le conseil que nous donne le Sage – La parabole des cinq vierges sages et des cinq vierges folles – L'huile de la lampe – Les deux arbres du Paradis I (Les axes Bélier-Balance et Taureau-Scorpion) – Les deux arbres du Paradis II (Le serpent de la Genèse) – Les deux arbres du Paradis III (Le retour de l'enfant prodigue).

TOME IV : **LE GRAIN DE SÉNEVÉ**

«La vie éternelle, c'est qu'ils Te connaissent, Toi, le seul vrai Dieu...» – Le caillou blanc – «Que celui qui est sur le toit...» – «Si quelqu'un veut venir après moi, qu'il se charge de sa croix...» –L'esprit de vérité – Les trois grandes tentations – L'enfant et le vieillard – «Puisses-tu être froid ou chaud !...» – «Il est beau de louer l'Éternel...» – Le grain de sénevé – L'arbre sur le fleuve – «Croissez et multipliez...»

TOME V : **LES PUISSANCES DE LA VIE**

La vie – Caractère et tempérament – Le bien et le mal – Comment se mesurer avec le dragon – La présence et l'absence – Les pensées sont des entités vivantes – Les indésirables – Lois de la nature et lois morales – La force de l'esprit – Le sacrifice – Le haut idéal – La paix.

TOME VI : **L'HARMONIE**

L'harmonie – La médecine doit être fondée sur une philosophie ésotérique – L'avenir de la médecine – Le disciple doit développer les sens du monde spirituel – Ce que nous apprend la maison – Comment la pensée se réalise dans la matière – La méditation – L'intellect humain et l'Intelligence cosmique – Le plexus solaire et le cerveau – Le centre Hara – Le cœur initiatique – L'aura.

TOME VII : **LES MYSTÈRES DE IÉSOD**

Iésod reflète les vertus des autres séphirot – I. Comment comprendre la pureté : La nutrition, point de départ d'une étude de la pureté – Le triage – La pureté et la vie spirituelle – La pureté dans les trois mondes – Le fleuve de vie – La paix et la pureté – Le pouvoir magique de la confiance – La pureté dans la parole – S'élever pour trouver la pureté – «Bienheureux les cœurs purs...» – Les portes de la Jérusalem céleste – II. L'amour et la sexualité – III. Notes complémentaires : La source – Le jeûne – Comment se laver – Le vrai baptême – Comment travailler avec les Anges des 4 éléments pendant les exercices de respiration.

TOME VIII : **LE LANGAGE SYMBOLIQUE**

L'âme – L'être humain et ses différentes âmes – Le cercle (le centre et la périphérie) – Le temps et l'éternité – Les douze travaux d'Hercule – Le grand Printemps – Le premier jour du printemps – Le vrai mariage – Pourquoi l'homme a entraîné les animaux dans la chute – Comment les deux principes sont contenus dans la bouche – Le Saint-Esprit – Le langage symbolique.

TOME IX : **«AU COMMENCEMENT ÉTAIT LE VERBE»**

«Au commencement était le Verbe...» – «On ne met pas le vin nouveau dans de vieilles outres» – «Notre Père...» – «Demandez le Royaume de Dieu et Sa Justice...» – «Les premiers seront les derniers» – La Noël – La tempête apaisée – La haute retraite – «Père, pardonne-leur...» – La Résurrection et le Jugement dernier – «Il y a plusieurs demeures dans la maison de mon Père» – Le corps de la résurrection.

TOME X : **LES SPLENDEURS DE TIPHÉRET**

I. Surya-yoga – Le soleil, centre de l'univers – Tout ce qui existe sur la terre est contenu à l'état éthérique dans le soleil – II. Comment capter les éléments éthériques contenus dans le soleil – En regardant le soleil, notre âme prend la forme du soleil – III. Notre Moi supérieur habite dans le soleil – IV. Le soleil fait pousser les germes déposés en nous par le Créateur – Comment retrouver la Sainte Trinité dans le soleil – V. Toutes les créatures possèdent leur demeure – Le chapelet à 7 perles – VI. Le Maître sur le chapelet à 7 perles – Toutes les créatures doivent posséder une demeure et la protéger – L'aura – VII. Le point de vue héliocentrique – VIII. Aimez comme le soleil ! – IX. Comme le soleil, un Maître doit rester au centre – Formules à prononcer au lever du soleil – X. Montez au-dessus des nuages ! – La séphira Tiphéret – XI. Les esprits des 7 lumières – XII. Le prisme, image de l'homme – XIII. Le nouveau ciel et la nouvelle terre – La greffe spirituelle – XIV. Le soleil peut donner la solution du problème de l'amour – La force Telesma – XV. Le soleil est à l'image et à la ressemblance de Dieu – «En esprit et en vérité» – XVI. Le Christ et la religion solaire – XVII. Le jour et la nuit – La conscience et la subconscience – XVIII. Le soleil est l'initiateur de la civilisation – Le disciple doit développer la clairvoyance en commençant par les plans supérieurs – XIX. Le soleil et l'enseignement de l'unité – Comme pour le soleil, la puissance de notre esprit est dans la pénétration – XX. Le soleil est le meilleur pédagogue : il donne l'exemple – Le soleil, cœur de l'univers – XXI. Les trois sortes de feu – XXII. Tout faire converger vers un seul but !

TOME XI : **LA CLÉ ESSENTIELLE**
pour résoudre les problèmes de l'existence

I. La personnalité, manifestation inférieure de l'individualité – II. L'homme doit rejoindre son individualité – Le sens du Jnani-yoga – III. Prendre et donner (Le soleil, la lune et la terre) – IV. Personnalité et individualité : les limites du monde inférieur, l'infini du monde supérieur – V. L'individualité apporte le vrai bonheur – VI. Mourir à la personnalité pour vivre à l'individualité – Le sens initiatique de la fermentation – VII. La personnalité veut vivre sa vie, l'individualité veut accomplir les projets du Seigneur – VIII. L'image de l'arbre – L'individualité doit dévorer la personnalité I – IX. Les deux méthodes de travail sur la personnalité – X. Comment l'homme se laisse exploiter par sa personnalité – XI. Le point de vue de l'individualité – XII. Le sens du sacrifice dans les religions – XIII. Seule l'individualité sait remédier aux déséquilibres provoqués par la personnalité – XIV. «Rendez à César ce qui est à César !» – XV. La personnalité demeure comme support de l'individualité – XVI. L'individualité doit dévorer la personnalité II – XVII. Trouver des associés célestes pour combattre la personnalité – XVIII. Comment utiliser les forces de la personnalité – XIX. Domestiquer ses animaux intérieurs – XX. La nature naturelle et la nature antinaturelle – XXI. Comment la sexualité peut servir la nature supérieure – XXII. Le travail pour la Fraternité Universelle.

TOME XII : **LES LOIS DE LA MORALE COSMIQUE**

I. La loi des causes et des conséquences : comme vous aurez semé, vous récolterez – II. L'importance du choix – Chercher le travail et non le plaisir – III. L'activité créatrice comme moyen d'évolution – IV. La justice – V. La loi d'affinité I : la paix – VI. La loi d'affinité II : la véritable religion – VII. Le monde moral est le prolongement du monde physique – La mesure – VIII. La réincarnation – IX. Ne vous arrêtez pas à moitié chemin ! – X. Savoir utiliser ses énergies – XI. Comment obtenir la quintessence – XII. La morale de la source – XIII. Pourquoi chercher des modèles en haut – XIV. Par ses pensées et ses sentiments, l'homme est un créateur dans le monde invisible – XV. «Tout ce qui est en bas est comme ce qui est en haut...» – XVI. «Si tu es lumière, tu iras vers la lumière» – XVII. La question du double – Les nouveaux enregistrements – XVIII. La morale prend tout son sens dans le monde de l'au-delà – XIX. La meilleure méthode pédagogique : l'exemple – XX. «Si quelqu'un te frappe sur une joue...» – XXI. La nouvelle année.

TOME XIII : **LA NOUVELLE TERRE**
Méthodes, exercices, formules, prières

I. Prières – II. Le programme de la journée – III. La nutrition – IV. Le comportement – V. Le problème du mal – VI. Les méthodes de purification – VII. Les relations humaines – VIII. Les relations avec la nature – IX. Le soleil – Les étoiles – X. Le travail de la pensée – XI. La galvanoplastie spirituelle – XII. Le plexus solaire – XIII. Le centre Hara – XIV. Les méthodes de la lumière – XV. L'aura – XVI. Le corps de la gloire – XVII. Quelques formules et prières – XVIII. Appendice : les exercices de gymnastique.

TOME XIV : **L'AMOUR ET LA SEXUALITÉ***

I. Les deux principes masculin et féminin – L'amour de Dieu, du prochain et de soi-même – II. Prendre le taureau par les cornes – Le caducée d'Hermès, I et II – III. Le serpent – Isis dévoilée – IV. La puissance du Dragon – V. L'esprit et la matière : les organes sexuels, I et II – VI. Les principes masculin et féminin : leurs manifestations, I et II – VII. La jalousie – VIII. Les douze portes de l'homme et de la femme – IX. De Iésod à Kéther : la sublimation de la force sexuelle – X. Le filtre spirituel – XI. Apprenez à manger pour apprendre à aimer! I et II – XII. Le rôle de la femme dans la nouvelle culture – XIII. Le nudisme. Le sens initiatique de la nudité – XIV. Les principes masculin et féminin : La question des échanges, I et II – XV. Le vide et le plein : Poros et Pénia – XVI. L'enseignement de l'amour dans les Initiations, I – XVII. L'amour répandu partout dans l'univers, I – XVIII. Comment élargir la conception du mariage, I – XIX. L'âme sœur – XX. Tout est dans le regard – XXI. Comment élargir la conception du mariage, II et III – XXII. L'analyse et la synthèse – XXIII. L'amour, comme le soleil, organise la vie, I et II – XXIV. L'amour maternel – XXV. Le vide et le plein : le sens du renoncement – XXVI. La question des liens – XXVII. La jeunesse devant le problème de l'amour, I : les nouveaux courants – La jeunesse devant le problème de l'amour, II : le mariage – La jeunesse devant le problème de l'amour, III : pourquoi se maîtriser – La jeunesse devant le problème de l'amour, IV : la nécessité d'un guide – La jeunesse devant le problème de l'amour, V : orienter l'amour vers le Ciel avant de l'orienter vers les humains.

TOME XV : **L'AMOUR ET LA SEXUALITÉ****

I. L'attitude sacrée, I et II – II. Le vrai mariage : l'esprit et la matière – III. Le soleil, source de l'amour – IV. Le but de l'amour : la lumière – V. Les principes masculin et féminin : leurs manifestations, III – VI. Un Maître... une maîtresse... – VII. Les Vestales – La nouvelle Eve, I et II – VIII. Matérialisme, idéalisme et sexualité : «Sur la terre comme au Ciel» – IX. Le cœur et l'intellect – La Fraternité Blanche Universelle – X. Cherchez l'âme et l'esprit! I et II – XI. Rendre à l'amour sa pureté, I et II – XII. L'amour transforme la matière – XIII. Amour et identification – XIV. La tâche du disciple – XV. Ouvrez-vous et l'on vous aimera ! – XVI. Tantra-yoga, I et II – XVII. Le vide et le plein : la coupe du Graal – XVIII. L'amour répandu partout dans l'univers, II – XIX. Cherchez l'amour à la source ! I et II – XX. Savoir utiliser les puissances de l'amour, I et II – XXI. Comment élargir la conception du mariage, IV – XXII. «Il monte de la terre et descend du ciel» – XXIII. Le bonheur est dans l'élargissement de la conscience – XXIV. «Ce que vous liez sur la terre sera lié dans le ciel» – XXV. Aimez Dieu pour mieux aimer votre prochain ! –XXVI. Vivez avec amour ! I et II –XXVII. Les véritables armes : l'amour et la lumière – XXVIII. Ne cessez jamais d'aimer ! – XXIX. Vers la grande famille, I et II.

TOME XVI : **HRANI YOGA**
Le sens alchimique et magique de la nutrition

TOME XVII : **«CONNAIS-TOI TOI-MÊME» JNANI YOGA***

I. «Connais-toi toi-même» – II. Le tableau synoptique – III. L'esprit et la matière – IV. L'âme – V. Le sacrifice – VI. Les nourritures de l'âme et de l'esprit – VII. La conscience – VIII. Le Moi supérieur – IX. La vérité – X. La liberté.

TOME XVIII : **«CONNAIS-TOI TOI-MÊME» JNANI YOGA****

I. La beauté – II. Le travail spirituel – III. La puissance de la pensée – IV. La connaissance : le cœur et l'intellect – V. Le plan causal – VI. Concentration, Méditation, Contemplation, Identification – VII. La prière – VIII. L'amour – IX. La volonté – X. L'art – La musique – XI. Le geste – XII. La respiration.

TOME XIX – TOME XX – TOME XXI – TOME XXII
PENSÉES QUOTIDIENNES

TOME XXIII : **LA NOUVELLE RELIGION : SOLAIRE ET UNIVERSELLE***

Le fleuve de vie – La connaissance de l'homme : ses deux natures – «Vous êtes des Dieux» – La révolution héliocentrique : la fraternité – Le Maître – Le soleil, image de la Sainte Trinité – Un nouveau type d'homme : le symbolisme du prisme – La nourriture : le Verbe – Comment travailler sur sa propre matière. Le corps de la résurrection – Les lois de la destinée.

TOME XXIV : **LA NOUVELLE RELIGION : SOLAIRE ET UNIVERSELLE****

L'enseignement de la force – Le sens initiatique de la richesse et de la possession – L'amour est Un – Le vrai mariage : comment élargir la conception du mariage – Le rôle de la femme dans la nouvelle culture – Les bases réelles de la religion – La création spirituelle : la recherche de la pierre philosophale – A la jeunesse et aux familles – Le Royaume de Dieu sur la terre.

TOME XXV :
LE VERSEAU ET L'AVÈNEMENT DE L'ÂGE D'OR*

I. L'ère du Verseau – II. L'avènement de la Fraternité – III. La jeunesse et la révolution – IV. Communisme et capitalisme – V. La véritable économie – VI. L'or et la lumière – VII. Aristocratie et démocratie – VIII. La politique à la lumière de la Science initiatique.

TOME XXVI :
LE VERSEAU ET L'AVÈNEMENT DE L'ÂGE D'OR**

I. Les principes et les formes – II. La véritable religion du Christ – III. L'idée de la Pan-Terre – IV. Le corps cosmique – V. Le Royaume de Dieu et Sa Justice – VI. La Jérusalem nouvelle.

TOME XXVII : **LA PÉDAGOGIE INITIATIQUE***

I. Instruire les parents d'abord! – II. L'éducation subconsciente des enfants – III. Education et instruction – La puissance de l'exemple – IV. Préparer l'avenir de la jeunesse – V. L'apprentissage des lois – VI. L'enfant et l'adulte – VII. Le rôle d'un Maître – VIII. L'imitation comme facteur d'éducation – IX. Comment considérer son Maître –X. Les méthodes d'un Maître – XI. Le travail à l'Ecole initiatique.

TOME XXVIII : **LA PÉDAGOGIE INITIATIQUE****

I. Pourquoi choisir la vie spirituelle – II. Le sens de la vie, l'évolution – III. L'imagination formatrice – IV. Lire et écrire – V. Le suicide – VI. Une attitude nouvelle devant le mal – VII. La chenille et le papillon – VIII. L'amour, état de conscience – IX. La naissance dans les différents plans – X. Le modèle solaire – XI. L'homme et la femme dans la nouvelle culture.

TOME XXIX : **LA PÉDAGOGIE INITIATIQUE*****

I. Les lois du travail spirituel – II. Notre responsabilité – III. Construire la nouvelle vie – IV. Le savoir vivant – V. «Soyez parfaits comme votre Père Céleste est parfait» – VI. La réalité du monde invisible – VII. Participer au travail de la Fraternité Blanche Universelle.

TOME XXX : **VIE ET TRAVAIL À L'ÉCOLE DIVINE***

I. Pour le «Jour du Soleil» – II. Le Bonfin – III. Le travail à l'Ecole divine – IV. Hrani-yoga et Surya-yoga – V. L'esprit de l'Enseignement – VI. Matière et lumière – VII. La pureté, condition de la lumière – VIII. Le sens de l'Initiation.

TOME XXXI : **VIE ET TRAVAIL À L'ÉCOLE DIVINE** ****

I. La nouvelle vie – II. Matérialistes et spiritualistes – III. Le véritable sens du mot travail – IV. Comment affronter les difficultés – V. Le disciple aux prises avec sa nature inférieure – VI. Vanité et orgueil – VII. Maîtres et disciples – VIII. Comment dépasser la notion de justice – IX. Hiérarchie et liberté – X. La toute-puissance de la lumière.

ÉDITEUR-DISTRIBUTEUR

FRANCE	Editions PROSVETA S.A. – B.P. 12 83601 Fréjus Cedex

DISTRIBUTEURS

ALLEMAGNE	URANIA – Rudolf Diesel Ring 26 D - 8029 Sauerlach
AUTRICHE	PRADEEP – Siebenbrunnenfeldgasse 4 A - 1050 Wien
BELGIQUE	VANDER S.A. – Av. des Volontaires 321 B - 1150 Bruxelles
CANADA	PROSVETA Inc. – 1565 Montée Masson Duvernay est, Laval, Que. H7E 4P2
ESPAGNE	PROSVETA ESPAÑOLA – Caspe 41 Barcelona-10
ETATS-UNIS	PROSVETA U.S.A. – P.O. Box 49614 Los Angeles, California 90049
GRANDE-BRETAGNE	PROSVETA Ltd. – 4 St. Helena Terrace Richmond, Surrey TW91NR Trade orders to : ELEMENT Books Ltd – The Old Brewery Tisbury, Salisbury, Wiltshire SP3 6NH
GRÈCE	PROSVETA GRÈCE 90 Bd. Vassileos Constantinou Le Pirée
ITALIE	PROSVETA – Bastelli 7 I - 43036 Fidenza (Parma)
PORTUGAL	Edições IDADE D'OURO Rua Passos Manuel 20 – 3.° Esq. P - 1100 Lisboa
SUISSE	PROSVETA Société Coopérative CH - 1801 Les Monts-de-Corsier

Pour tous renseignements sur l'Association
FRATERNITÉ BLANCHE UNIVERSELLE
écrire à : Secrétariat F.B.U.
2, rue du Belvédère de la Ronce
92310 SÈVRES, France

Dépôt légal : Novembre 1983 – N° d'impression : 1331

IMPRIMERIE PROSVETA, FRÉJUS

Imprimé en France